KONVERSATIONEN AUF KOREANISCH

Lernen Sie über 1.400+
Koreanisch-Ausdrücke aus 21 Themen
Schnell und Einfach

ISBN 979-11-88195-56-5

FANDOM MEDIA

KONVERSATIONEN AUF KOREANISCH
Lernen Sie über 1.400+
Koreanisch-Ausdrücke aus 21 Themen
Schnell und Einfach

Inhaltsverzeichnis

Audiodateien finden Sie unter

newampersand.com/SPEAKKOREAN

Audiodateien finden Sie unter

newampersand.com/SPEAKKOREAN

Hören, wiederholen und lernen Sie!

Jedes Kapitel hat eine eigene Audiospur, mit der Sie lernen können! Wir sagen jeden Satz insgesamt viermal - zweimal langsam und zweimal mit normaler Geschwindigkeit, sodass Sie lernen können, wie sich jeder Teil einzeln und auch als Ganzes anhört. Lesen Sie mit, während Sie sprechen, und Sie werden viele koreanische Ausdrücke in kürzester Zeit meistern!

Kapitel 1. GRUß

은 nŭn /는 nŭn /이 i /가 ga /을 ŭl /를 rŭl = Postposition / Adverb

01	안녕하세요? an-nyŏng ha-se-yo?	**Guten Tag.**
02	만나서 반갑습니다. man-na-sŏ ban-gap-sŭp-ni-da.	**Nett, Sie kennenzulernen.**
03	저도 반갑습니다 jŏ-do ban-gap-sŭp-ni-da.	**Ich bin auch froh Sie zu kennenzulernen.**
04	처음 뵙겠습니다. chŏ-ŭm boep-get-sŭp-ni-da.	**Ich sehe Sie zum ersten Mal. = Wie geht es Ihnen?**
05	우리 초면이죠? u-ri cho-myŏn i-jyo?	**Es ist unser erstes Mal, richtig? = Wir haben uns noch nie getroffen, oder?**
06	어디서 뵌 것 같아요. ŏ-di-sŏ boen gŏt gat-a-yo.	**Ich glaube, ich habe Sie irgendwo gesehen. = Sie sehen vertraut aus.**
07	만나뵙고 싶었습니다. man-na-boep-go ship-ŏt-sŭp-ni-da.	**Ich wollte Sie kennenlernen.**
08	오래전부터 만나뵙고 싶었습니다. o-rae-jŏn-bu-tŏ man-na-boep-go ship-ŏt-sŭp-ni-da.	**Ich wollte Sie schon lange kennenlernen.**
09	잘 부탁드립니다. jal bu-tak-dŭ-rip-ni-da.	**Ich freue mich auf die Zusammenarbeit mit Ihnen**

10 좋은 말씀 많이 들었습니다.
jo-ŭn mal-ssŭm man-i dŭl-ŏt-sŭp-ni-da.
Ich habe viele großartige Sachen (= Dinge) (über Sie) gehört.

11 실물이 더 멋지네요!
shil-mul i dŏ mŏt-ji-ne-yo!
*~ 네요 wird verwendet, um zu zeigen, wer beeindruckt ist.
Sie sind persönlich cooler!
= Sie sehen persönlich besser aus

12 과찬입니다.
gwa-chan ip-ni-da.
Das ist ein übertriebenes Kompliment.
= Ich bin geschmeichelt.

13 만나서 영광입니다.
man-na-sŏ yŏng-gwang ip-ni-da.
Es ist eine Ehre, Sie kennenzulernen.

14 저야말로요.
jŏ ya-mal-lo-yo.
Ich bin es (der sich freut, Sie kennenzulernen).
= Das Vergnügen liegt ganz bei mir.

15 드디어 만났군요!
dŭ-di-ŏ man-nat-gun-nyo!
Wir haben uns endlich getroffen!

16 연락 주셔서 감사합니다.
yŏl-lak ju-shŏ-sŏ gam-sa-hap-ni-da.
Vielen Dank, dass Sie mich kontaktiert haben.

17 혹시 김철수씨 아니세요?
hok-shi kim-chŏl-su-ssi a-ni-se-yo?
* ssi = "Mr./Ms." wird nach einem Namen gesetzt
Sind Sie nicht zufällig Herr Kim Cheol-su?

18 이게 얼마만이죠?
i-ge ŏl-ma-man-i-jyo?
Wie lange ist das her? = Wie lange ist es her?

19 이게 도대체 누구예요?
i-ge do-de-che nu-gu-ye-yo?
Wer in aller Welt ist das?

20 저 기억하세요?
jŏ gi-ŏk-ha-se-yo?
Können Sie sich an mich erinnern?

21 많이 변했죠?
man-i byŏn-haet-jyo?
Ich habe mich sehr verändert, oder?

22 전혀요! 예전 그대로네요!
jŏn-hyŏ-yo! ye-jŏn gŭ-dae-ro-ne-yo!
Überhaupt nicht! Du bist derselbe wie zuvor!

23	말도안돼요! mal do an-doe-yo!	**Das ergibt nicht einmal Sinn!**
24	정말 많이 변했네요! jŏng-mal man-i byŏn-haet-ne-yo!	**Du hast dich wirklich sehr verändert!**
25	알아보지 못했죠? al-a-bo-ji mot-haet-jyo?	**Du konntest mich nicht erkennen, oder?**
26	더 예뻐졌어요. dŏ ye-bbŏ-jyŏ-ssŏ-yo.	**Du bist hübscher geworden.**
27	더 멋있어졌어요. dŏ mŏ-shi-ssŏ-jyŏ-ssŏ-yo.	**Du bist fabelhafter geworden.**
28	요즘 다이어트 하고 있어요. yo-zŭm da-i-ŏ-tŭ ha-go-i-sso-yo.	**Ich war kürzlich auf Diät.**
29	그동안 어떻게 지냈어요? gŭ-dong-an ŏ-ttŏ-ke ji-nae-ssŏ-yo?	**Wie warst du (bis jetzt)?**
30	잘 지냈어요. jal ji-nae-ssŏ-yo.	**Mir ging es gut.**
31	많이 보고 싶었어요. man-i bo-go ship-ŏ-ssŏ-yo.	**Ich wollte dich oft sehen. = Ich habe dich sehr vermisst.**
32	당신 생각 많이 했어요. dang-shin saeng-gak man-i hae-ssŏ-yo.	**Ich habe viel an dich gedacht.**
33	정말 오랜만이에요. jŏng-mal o-raen-man-i-e-yo.	**Es ist wirklich lange her!**
34	앞으로 더 자주 봐요. ap-ŭ-ro dŏ ja-ju bwa-yo.	**Wir sollten uns von nun an öfter sehen.**
35	좋은 아침! jo-ŭn a-chim!	**Guten Morgen!**

36	안녕히 주무셨어요? an-nyŏng-hi ju-mu-shŏ-ssŏ-yo?	**Hast du friedlich geschlafen? = Hast du gut geschlafen?**
37	잘 잤어요. 미나씨는요? jal ja-ssŏ-yo. mi-na-ssi-nŭn-yo?	**Ich habe gut geschlafen. Was ist mit dir, (Frau) Mina?**
38	저도 잘 잤어요. jŏ-do jal ja-ssŏ-yo.	**Ich habe auch gut geschlafen.**
39	식사 하셨어요? shik-sa ha-shŏ-ssŏ-yo?	**Hast du etwas gegessen?**
40	아니요. 아침/점심/저녁 먹었어요? a-ni-yo. a-chim/jŏm-shim/jŏ-nyŏk mŏg-ŏ-ssŏ-yo?	**Nein. Hast du Frühstück / Mittagessen / Abendessen gegessen?**
41	저는 방금 먹었어요. jŏ nŭn bang-gŭm mŏg-ŏ-ssŏ-yo.	**Ich habe gerade gegessen.**
42	부모님도 건강하시죠? bu-mo-nim do gŏn-gang ha-shi-jyo?	**(Deine) Eltern sind auch gesund?**
43	덕분에요. dŏk-bun-e-yo.	**Danke dir.**
44	건강은 어때요? gŏn-gang ŭn ŏ-tte-yo?	**Wie geht es (deiner) Gesundheit? = Wie fühlst du dich?**
45	너무 피곤해요. nŏ-mu pi-gon-hae-yo.	**Ich bin zu müde.**
46	많이 바쁘세요? man-i ba-bbŭ-se-yo?	**Bist du sehr beschäftigt?**
47	숙제가/업무가 많아요. suk-je ga / ŏp-mu ga man-a-yo.	**Es gibt viel Hausaufgaben/Arbeit. = Ich bin bis zum Hals voll mit Hausaufgaben/Arbeit.**
48	무리하지 마세요. mu-ri-ha-ji ma-se-yo.	**Arbeite nicht zu hart.**

49	건강이 최고예요. gŏn-gang i choe-go-ye-yo.	**Gesundheit ist am wichtigsten. = Gesundheit steht an erster Stelle.**
50	맞아요. 그럴게요. ma-ja-yo. gŭ-rŏl-gge-yo.	**Du hast recht. Ich werde.**
51	안녕히 계세요. an-nyŏng-hi gye-se-yo.	**(Wortbedeutung) Bleib in Frieden. = Pass auf dich auf. / Auf Wiedersehen. / So lange.**
52	안녕히 가세요. an-nyŏng-hi ga-se-yo.	**(Wortbedeutung) Geh in Frieden. = Pass auf dich auf. / Auf Wiedersehen. / So lange.**
53	다음에 또 만나요. da-ŭm-e tto man-na-yo.	**Wir sehen uns beim nächsten Mal wieder.**
54	문자 할게요. mun-ja hal-gge-yo.	**Ich sende (dir) einen Text.**
55	오늘 즐거웠습니다. o-nŭl jŭl-gŏ-wŏt-sŭp-ni-da.	**Es hat heute Spaß gemacht.**
56	그때까지 잘 지내세요. gŭ-ttae gga-ji jal ji-nae-se-yo.	**Bleib bis dahin gut. = Pass bis dahin auf dich auf.**
57	건강히 지내세요! gŏn-gang-hi ji-nae-se-yo!	**Bleib gesund!**
58	연락합시다! yŏl-lak hap-shi-da!	**Bleiben wir in Kontakt!**

Kapitel 2. SICH SELBST VORSTELLEN

01	제 이름은 김철수입니다. je i-rŭm ŭn kim-chŏl-su ip-ni-da.	Mein Name ist Kim Cheol-soo.
02	성함이 어떻게 되세요? sŏng-ham i ŏ-ttŏ-ke doe-se-yo?	Wie ist (dein) Name?
03	저는 미나라고 합니다. jŏ nŭn mi-na ra-go hap-ni-da.	Ich heisse Mina = Mein Name ist Mina.
04	제 명함입니다. je myŏng-ham ip-ni-da.	(Das) ist meine Visitenkarte.
05	저는 명함이 없어요. jŏ nŭn myŏng-ham i ŏp-ssŏ-yo.	Ich habe keine Visitenkarte.
06	괜찮아요. gwen-chan-a-yo.	Das ist in Ordnung.
07	대신, 제 전화번호를 드릴게요. dae-shin, je jŏn-hwa-bŏn-ho rŭl dŭ-ril-gge-yo.	Stattdessen gebe ich Ihnen meine Telefonnummer.
08	여기 있습니다. yŏ-gi it-ssŭp-ni-da.	Hier ist es.
09	감사합니다. gam-sa-hap-ni-da.	Ich schätze es. = Danke schön.

10	제 번호 아세요? je bŏn-ho a-se-yo?	**Kennst du meine Nummer?**
11	아니요, 몰라요. / 네, 알아요. a-ni-yo, mol-la-yo. / ne, al-a-yo.	**Nein, ich kenne es nicht. / Ja, ich kenne es.**
12	이게 제 번호예요. i-ge je bŏn-ho ye-yo.	**Das ist meine Nummer.**
13	저장 할게요. / 저장 했어요. jŏ-jang hal-gge-yo. / jŏ-jang hae-ssŏ-yo.	**Ich werde es speichern. Ich habe es gespeichert.**
14	이 번호가 맞나요? i bŏn-ho ga mat-na-yo?	**Ist das die richtige Nummer?**
15	네, 맞아요. / 아니요, 틀렸어요. ne, ma-ja-yo. / a-ni-yo, tŭl-lyŏ-ssŏ-yo.	**Ja, das ist es. / Nein, ist es nicht.**
16	다시 한번 말해주세요. da-shi han-bŏn mal-hae-ju-se-yo.	**Kannst du es mir bitte noch einmal sagen?**
17	직업이 뭐예요? jig-ŏb i mwŏ-ye-yo?	**Was ist (dein) Beruf?**
18	무엇을 하시나요? mu-ŏ sŭl ha-shi-na-yo?	**Was machst du?**
19	어떤 일을 하세요? ŏ-ttŏn il ŭl ha-se-yo?	**Was für eine Arbeit machst du?**
20	회사원 입니다. hoe-sa-won ip-ni-da.	**Ich bin ein Mitarbeiter eines Unternehmens. = Ich arbeite für eine Firma.**
21	삼성에 다녀요. sam-sŏng e da-nyŏ-yo.	**Ich gehe zu Samsung. = Ich arbeite bei Samsung.**
22	아르바이트를 합니다. a-rŭ-ba-i-tŭ rŭl hap-ni-da.	**Ich arbeite in Teilzeit.**

23 취직 준비 하고 있어요.
chwi-jik jun-bi ha-go i-ssŏ-yo.
Ich bereite mich auf einen Job vor.
= Ich suche einen Job.

24 저는 학생입니다.
jŏ nŭn hak-saeng ip-ni-da.
Ich bin Student.

25 저도 학생이에요.
jŏ do hak-saeng i-e-yo.
Ich bin auch Student.

26 한국대학교에 다녀요.
han-guk dae-hak-gyo e da-nyŏ-yo.
Ich gehe zur Hanguk Universität.

27 어느 학교에 다니세요?
ŏ-nŭ hak-gyo e da-ni-se-yo?
Auf welche Schule gehst du?

28 저도 거기에서 공부해요.
jŏ do gŏ-gi-e-sŏ gong-bu-hae-yo.
Ich lerne auch dort.
= Ich gehe auch in die gleiche Schule.

29 전공이 뭐예요?
jŏn-gong i mwŏ-ye-yo?
Was ist (dein) Hauptfach?

30 어학당에서 한국어를 배우고 있어요.
ŏ-hak-dang e-sŏ han-gug-ŏ rŭl bae-u-go i-ssŏ-yo.
Ich lerne Koreanisch (Sprache)
an einer Sprachschule.

31 저는 미국에서 왔어요.
jŏ nŭn mi-guk e-sŏ wa-ssŏ-yo.
Ich komme aus den USA.
= Ich bin aus den USA.

32 원래는 일본에서 태어났어요.
wol-lae nŭn il-bon e-sŏ tae-ŏ-na-ssŏ-yo.
Ich wurde ursprünglich in Japan geboren.

33 여기가 제 고향이에요.
yŏ-gi ga je go-hyang i-e-yo.
Hier ist (= Das ist) meine Heimatstadt.

34 이제는 여기가 더 편해요.
i-je nŭn yŏ-gi ga dŏ pyŏn-hae-yo.
Es ist jetzt hier bequemer.
= Ich fühle mich hier jetzt wohler.

35 한국어가 더 편해요.
han-gug-ŏ ga dŏ pyŏn-hae-yo.
Koreanische Sprache ist bequemer.
= Ich spreche besser Koreanisch.

36	아직 영어가 더 편해요. a-jik yŏng-ŏ ga dŏ pyŏn-hae-yo.	**Ich spreche immer noch besser Englisch.**
37	어디에서 오셨어요? ŏ-di e-sŏ o-shŏ-ssŏ-yo?	**Woher kommst du? = Woher bist du?**
38	어느 나라 사람이에요? ŏ-nŭ na-ra sa-ram i-e-yo?	**(Buchstäbliche Bedeutung) Aus welchem Land sind Sie eine Person? = Was ist Ihre Nationalität?**
39	고향이 어디에요? go-hyang i ŏ-di-e-yo?	**Wo ist (deine) Heimatstadt? = Woher kommst du (ursprünglich)?**
40	부산에서 자랐어요. busan e-sŏ ja-ra-ssŏ-yo.	**Ich bin in Busan aufgewachsen.**
41	한국어 잘 못해요. han-gug-ŏ jal mot-hae-yo.	**Ich kann nicht gut Koreanisch.**
42	한국어 열심히 공부하고 있어요. han-gug-ŏ yŏl-shim-hi gong-bu ha-go i-ssŏ-yo.	**Ich lerne angestrengt Koreanisch.**
43	교환학생인가요? gyo-hwan-hak-saeng in-ga-yo?	**Bist du ein Austauschschüler?**
44	아니요, 유학생이에요. a-ni-yo, yu-hak-saeng i-e-yo.	**Nein, ich bin ein internationaler Student.**
45	한국에는 처음인가요? han-gug e nŭn chŏ-ŭm in-ga-yo?	**Ist es dein erstes Mal in Korea?**
46	아니요, 한 번 여행 왔었어요. a-ni-yo, han bŏn yŏ-haeng wa-ssŏ-ssŏ-yo.	**Nein, (ich) bin schon einmal hierher gereist.**
47	그래요? 언제요? gŭ-rae-yo? ŏn-je-yo?	**Ist das richtig? Wann?**
48	삼년 전에 부모님과요. sam nyŏn jŏn-e bu-mo-nim-gwa-yo.	**Vor drei Jahren mit (meinen) Eltern.**

49	하지만 시간이 많이 없었어요. ha-ji-man shi-gan i man-i ŏp-ssŏ-ssŏ-yo.	**Wir hatten aber nicht viel Zeit.**
50	좋은 시간 보냈어요? jo-ŭn shi-gan bo-nae-ssŏ-yo?	**Hattest du eine gute Zeit?**
51	네. 쇼핑을 너무 많이 했어요. ne. sho-ping ŭl nŏ-mu man-i hae-ssŏ-yo.	**Ja. (Wir) haben zu viel eingekauft.**
52	부모님은 미국에 계세요. bu-mo-nim ŭn mi-guk e gye-se-yo.	**(Meine) Eltern sind in den USA.**
53	형제가 셋 있어요. hyŏng-je ga set i-ssŏ-yo.	**Ich habe drei Geschwister.**
54	제가 가장 어려요. je ga ga-jang ŏ-ryŏ-yo.	**Ich bin der jüngste.**
55	제가 가장 나이가 많아요. je ga ga-jang na-i ga man-a-yo.	**(wörtliche Bedeutung) Ich habe das meiste Alter. = Ich bin der älteste.**
56	한국 드라마를 많이 봤어요. han-gug dŭ-ra-ma rŭl man-i bwa-ssŏ-yo.	**Ich habe viele koreanische TV-Dramen gesehen.**
57	한국 친구들이 많이 있었어요. han-gug chin-gu-dŭl i man-i i-ssŏ-ssŏ-yo.	**Ich hatte viele koreanische Freunde.**
58	한국 사람 좋아해요. han-gug sa-ram jo-a-hae-yo.	**Ich mag koreanische Leute.**
59	한국 음식은 맛있어요. han-gug ŭm-shig ŭn ma-shi-ssŏ-yo.	**Koreanisches Essen ist lecker/schmackhaft.**
60	저는 스물 셋 입니다. jŏ nŭn sŭ-mul set ip-ni-da.	**Ich bin dreiundzwanzig.**
61	실례지만, 나이가 어떻게 되세요? shil-lye-ji-man, na-i-ga ŏ-ttŏ-ke doe-se-yo?	**Verzeihung, aber wie alt bist du? = Darf ich fragen, wie alt du bist?**
62	어디에 사세요? ŏ-di e sa-se-yo?	**Wo wohnst du?**

63	기숙사에 살아요. gi-suk-sa e sal-a-yo.	**Ich wohne in einem Wohnheim.**
64	곧 이사 할거예요. got i-sa hal-gŏ-ye-yo.	**Ich werde bald umziehen.**
65	취미는 뭐예요? chwi-mi nŭn mwŏ-ye-yo?	**Was ist (dein) Hobby?**
66	음악 듣는 것을 좋아해요. ŭm-ak dŭt-nŭn gŏ sŭl jo-a-hae-yo.	**Ich höre gerne Musik.**
67	어떤 음악이요? ŏ-ttŏn ŭm-ag i-yo?	**Was für Musik?**
68	뭐든지 상관 안해요. mwŏ-dŭn-ji sang-gwan an-hae-yo.	**Es ist mir egal, was es ist.**
69	당신은요? dang-shin ŭn yo?	**Und du?**
70	영화 보는 것이 가장 좋아요. yŏng-hwa bo-nŭn gŏ shi ga-jang jo-a-yo.	**Ich schaue am liebsten Filme.**
71	우리 언제 영화 보러 가요! u-ri ŏn-je yŏng-hwa bo-rŏ ga-yo!	**Wir sollten uns irgendwann einen Film ansehen!**

Kapitel 3. IN DER SCHULE

01 여기 학생인가요?
yŏ-gi hak-saeng in-ga-yo?
Bist du ein Student hier?

02 학생증을 보여주세요.
hak-saeng-tzŭng ŭl bo-yŏ-ju-se-yo.
Zeige mir (deine) Schüler I.D. Karte, bitte.

03 학생증을 아직 못 만들었어요.
hak-saeng-tzŭng ŭl a-jik mot man-dŭl-ŏ-ssŏ-yo.
Ich konnte (meine) Schüler I.D. Karte noch nicht machen.

04 저는 신입생이에요.
jŏ nŭn shin-ip-saeng i-e-yo.
Ich bin ein neuer Student.

05 대학원생이에요.
dae-hag-won-saeng i-e-yo.
(Ich) bin ein Doktorand.

06 학부생이에요.
hak-bu-saeng i-e-yo.
(Ich) bin ein Student.

07 교실이 어디죠?
gyo-shil i ŏ-di-jyo?
Wo ist das Klassenzimmer?

08 수업이 몇시죠?
su-ŏb i myŏ-sshi-jyo?
Um wie viel Uhr ist der Unterricht?

09 자리에 앉으세요.
ja-ri e an-zŭ-se-yo.
Bitte setzen Sie sich.

10	책을 꺼내세요. chaeg ŭl ggŏ-nae-se-yo.	**Nehmen Sie bitte Ihr Buch heraus.**
11	12 페이지를 펴세요. shib-i pe-i-ji rŭl pyŏ-se-yo.	**Öffnen Sie bitte Seite 12.**
12	수업을 시작합시다. su-ŏb ŭl shi-jak-hap-shi-da.	**Beginnen wir mit der Lektion.**
13	출석을 부르겠습니다. chul-sŏg ŭl bu-rŭ-get-ssŭp-ni-da.	**Ich rufe die Namen.**
14	지각입니다. ji-gag ip-ni-da.	**(Du bist/ Er/ Sie ist) verspätet.**
15	결석입니다. gyŏl-ssŏg ip-ni-da.	**(Er/ Sie ist) abwesend.**
16	지각해서 죄송합니다. ji-gak-hae-sŏ joe-song-hap-ni-da.	**Es tut mir leid, dass ich verspätet bin.**
17	조용히 하세요. jo-yong-hi ha-se-yo.	**Bitte sei leise.**
18	질문있습니다. jil-mun it-ssŭp-ni-da.	**Ich habe eine Frage.**
19	잘 이해가 되지 않습니다. jal i-hae ga doe-ji an-ssŭp-ni-da.	**Ich kann es nicht gut verstehen.**
20	제가 맞게 이해하고 있나요? je ga mat-ge i-hae-ha-go it-na-yo?	**Verstehe ich es richtig?**
21	잘 보이지 않아요. jal bo-i-ji an-a-yo.	**Es ist nicht gut sichtbar.** **= Ich kann es nicht gut sehen.**
22	조금 더 크게 말씀해주세요. jo-gŭm dŏ kŭ-ge mal-ssŭm-hae-ju-se-yo.	**Bitte sprechen Sie etwas lauter.** **= Könnten Sie bitte etwas lauter sprechen?**

23 다시 한번 말씀해주세요.
da-shi han-bŏn mal-ssŭm-hae-ju-se-yo.
Bitte sagen Sie es noch einmal.

24 잘 모르겠어요.
jal mo-rŭ-get-ssŏ-yo.
Ich weiß es nicht wirklich. / Ich bin mir nicht sicher.

25 문제가 어렵네요.
mun-je ga ŏ-ryŏp-ne-yo.
Es ist eine schwierige Frage.

26 배웠어요?
bae-wŏ-ssŏ-yo.
Hast du gelernt?

27 아직 배우지 못했어요.
a-jik bae-u-ji mot-haet-ssŏ-yo.
Ich habe noch nicht gelernt.

28 수업은 몇시에 끝나죠?
su-ŏb ŭn myŏ-sshi-e ggŭt-na-jyo?
Wann endet der Unterricht?

29 학교식당은 어디죠?
hak-gyo shik-dang ŭn ŏ-di-jyo?
Wo ist die Schulcafeteria?

30 점심시간이 언제죠?
jŏm-shim shi-gan i ŏn-je-jyo?
Wann ist Mittagspause?

31 점심 같이 먹을까요?
jŏm-shim ga-chi mŏ-gŭl-gga-yo?
Sollen wir zusammen zu Mittag essen?

32 숙제 같이 할래요?
suk-je ga-chi hal-lae-yo?
Willst du die Hausaufgaben zusammen machen?

33 도와주세요.
do-wa-ju-se-yo.
Bitte hilf mir.

34 외국인이라 잘 몰라요.
oe-gug-in i-ra jal mol-la-yo.
Ich weiß es nicht genau, weil ich Ausländer bin.

35 기숙사에 어떻게 가죠?
gi-suk-sa e ŏ-tto-ke ga-jyo?
Wie kommst du zum Wohnheim?

36	몇시가 통금인가요? myŏ-sshi ga tong-gŭm in-ga-yo?	**Wann ist die Ausgangssperre?**
37	숙제를 깜빡했어요. suk-je rŭl ggam-bbak-hae-ssŏ-yo.	**Ich habe die Hausaufgaben vergessen.**
38	제가 착각했나봐요. je ga chak-gak haet-na-bwa-yo.	**Ich muss verwirrt gewesen sein.**
39	성적표 봤어요? sŏng-jŏk-pyo bwa-ssŏ-yo?	**Hast du (dein) Zeugnis gesehen?**
40	성적표 언제 나와요? sŏng-jŏk-pyo ŏn-je na-wa-yo?	**Wann kommen die Zeugnisse heraus?**
41	성적이 엉망이에요. sŏng-jŏg i ŏng-mang i-e-yo.	**(Meine) Noten sind ein Durcheinander.**
42	이번 학기는 성적이 좋지 않아요. i-bŏn hak-gi nŭn sŏng-jŏg i jot-chi an-a-yo.	**(Meine) Noten sind in diesem Semester nicht gut**
43	다음 학기에는 열심히 할거에요. da-ŭm hak-gi e nŭn yŏl-shim-hi hal-gŏ-e-yo.	**Ich werde mich nächstes Semester anstrengen.**
44	적응이 힘들어요. jŏg-ŭng i him-dŭl-ŏ-yo.	**Es ist schwierig, sich an die neue Umgebung zu gewöhnen. = Ich habe mich überfordert gefühlt**
45	친구들이 많이 있어요/없어요. chin-gu-dŭl i man-i i-ssŏ-yo / ŏp-ssŏ-yo.	**Ich habe/ habe nicht viele Freunde.**
46	교수님 한번만 봐주세요. gyo-su-nim han-bŏn-man bwa-ju-se-yo.	**Professor, bitte geben Sie mir nur einmal eine Pause.**
47	이메일 보내드렸어요. i-mae-il bo-nae-dŭ-ryŏ-ssŏ-yo.	**Ich habe Ihnen eine E-Mail gesendet.**
48	수업이 취소되었어요. su-ŏb i chwi-so-doe-ŏ-ssŏ-yo.	**Klasse wurde abgesagt.**

49	이번 학기는 정말 바쁘네요. i-bŏn hak-gi nŭn jŏng-mal ba-bbŭ-ne-yo.	**Dieses Semester ist sehr beschäftigt.**
50	수업을 많이 듣고 있어요. su-ŏb ŭl man-i dŭt-go i-ssŏ-yo.	**(Ich) nehme viele Klassen.**
51	아르바이트도 할 수 있나요? a-rŭ-ba-i-tŭ do hal-su-it-na-yo?	**Kann ich auch Teilzeit arbeiten?**
52	학비가 너무 비싸요! hak-bi ga nŏ-mu bi-ssa-yo!	**Unterricht ist zu teuer!**
53	장학금을 신청하고 싶어요. jang-hak-gŭm ŭl shin-chŏng ha-go ship-ŏ-yo.	**Ich möchte mich um ein Stipendium bewerben.**
54	경비원에게 물어보세요. gyŏng-bi-won e-ge mul-ŏ-bo-se-yo.	**Fragen Sie bitte die Sicherheit.**
55	캠퍼스가 너무 넓어요. kaem-pŏ-sŭ ga nŏ-mu nŏl-bŏ-yo.	**Der Campus ist zu groß.**
56	도서관은 어디죠? do-sŏ-gwan ŭn ŏ-di-jyo?	**Wo ist die Bibliothek?**
57	도서관에서 공부 합니다. do-sŏ-gwan e-sŏ gong-bu hap-ni-da.	**(Ich) studiere in der Bibliothek.**
58	사람이 정말 많네요! sa-ram i jŏng-mal man-ne-yo!	**Da sind wirklich viele Leute!**
59	여기에서 공부 해도 되나요? yŏ-gi e-sŏ gong-bu hae-do doe-na-yo?	**Darf ich hier studieren?**
60	동아리에 가입하고 싶어요. dong-a-ri e ga-ip ha-go ship-ŏ-yo.	**Ich möchte einem Club beitreten.**
61	어떤 동아리가 있나요? ŏ-ttŏn dong-a-ri ga it-na-yo?	**Welche Clubs gibt es?**
62	전공을 아직 못정했어요. jŏn-gong ŭl a-jik mot-jŏng-hae-ssŏ-yo.	**(Ich) konnte mich noch nicht für (meinen) Major entscheiden. = Ich habe meinen Major noch nicht deklariert.**

63	제 전공은 미술입니다. je jŏn-gong ŭn mi-sul ip-ni-da.	Mein Hauptfach ist Kunst. = Ich studiere Kunst.
64	어려운 과목이에요. ŏ-ryŏ-un gwa-mog i-e-yo.	Es ist ein schwieriges Thema.
65	깜빡 졸았네요. ggam-bbak jol-at-ne-yo.	Ich bin in eingenickt.
66	깨워주세요. ggae-wŏ ju-se-yo.	Weck mich bitte auf.
67	필기 했어요? pil-gi hae-ssŏ-yo?	Hast du dir Notizen gemacht?
68	노트좀 빌려주세요. no-tŭ jom bil-lyŏ-ju-se-yo.	Lass mich bitte ein dein Heft kurz ausleihen.
69	책 좀 같이 봐도 될까요? chaek jom ga-chi bwa-do doel-gga-yo?	Darf ich das Buch kurz mit dir teilen?
70	이게 무슨 뜻이죠? i-ge mu-sŭn ttŭ-shi-jyo?	Was bedeutet das? = Was heißt das?
71	영어로는 뭐라고 하죠? yŏng-ŏ-ro nŭn mwŏ-ra-go ha-jyo?	Wie sagt man das auf Englisch?
72	교수님께 여쭤 보세요. gyo-su-nim-gge yŏ-jjwŏ bo-se-yo.	Frage den Professor.
73	교수실에 계세요? gyo-su-shil e gye-se-yo?	Bist du im Büro des Professors?
74	언제 찾아뵈면 좋을까요? ŏn-je cha-ja-boe-myŏn jo-ŭl-gga-yo?	Wann ist ein guter Zeitpunkt für einen Besuch?
75	열심히 공부할게요. yŏl-shim-hi gong-bu hal-e-yo.	Ich werde angestrengt lernen.
76	혹시 김하나 교수님 아세요? hok-shi kim-ha-na gyo-su-nim a-se-yo?	Kennst du zufällig Professor Kim Ha-na?
77	정말 좋은 분이에요. jŏng-mal jo-ŭn buni-e-yo.	(Sie/ Er) ist eine wirklich nette Person.

78 알아요. 저 예전에 수업 들었어요.
al-a-yo. jŏ ye-jŏn-e su-ŏp dŭl-ŏ-ssŏ-yo.
Ich weiß. Ich habe in der Vergangenheit Unterricht genommen.

79 수업은 어떤가요?
su-ŏb ŭn ŏ-ttŏn-ga-yo?
Wie ist die Klasse?

80 쉬운가요? / 어려운가요?
shwi-un-ga-yo? ŏ-ryŏ-un-ga-yo?
Ist es einfach? / Schwierig?

81 정말 쉬워요. / 어려워요.
jŏng-mal shwi-wŏ-yo / ŏ-ryŏ-wŏ-yo.
Es ist wirklich einfach. / schwierig.

82 수업이 재미있나요?
su-ŏb i jae-mi-it-na-yo?
Macht der Unterricht Spaß?

83 과제가 많나요?
gwa-je ga man-na-yo?
Gibt es viele Aufgaben?
= Weist er/ sie viele Aufgaben zu?

84 그룹 프로젝트가 많아요.
gŭ-rŭp pŭ-ro-jek-tŭ ga man-a-yo.
Es gibt viele Gruppenprojekte.

85 시험을 자주 보나요?
shi-hŏm ŭl ja-ju bo-na-yo?
Nimmst du oft an Tests teil?
= Testet er/ sie Sie oft?

86 신입생 환영회가 있어요.
shin-ip-saeng hwan-yŏng-hoe ga i-ssŏ-yo.
Es gibt eine Willkommensparty für die Erstsemester.

87 선배님, 안녕하세요!
sŏn-bae-nim, an-nyŏng-ha-se-yo!
Wie geht es dir, Sunbaenim?

*** Sunbaenim = Senior in der Schule oder jemand, der früher einer Organisation beigetreten ist**

88 동아리 가입을 환영합니다.
dong-a-ri ga-ib ŭl hwan-yŏng-hap-ni-da.
Wir begrüßen dich zum Beitritt in dem Club!

89 열심히 참여하세요.
yŏl-shim-hi cham-yŏ ha-se-yo.
Beteiligen Sie sich aktiv.
= Wir freuen uns auf Ihre aktive Teilnahme.

90 빠지지 말고 나오세요.
bba-ji-ji mal-go na-o-se-yo.
Bitte nehmen Sie teil, ohne zu überspringen.

91 도움이 필요하면 말하세요.
do-um i pil-yo-ha-myŏn mal-ha-se-yo.
Sag mir, ob du Hilfe brauchst.

Kapitel 4. EINKAUFEN

01	어서오세요. ŏ-sŏ-o-se-yo.	**Willkommen.**
02	무엇을 찾으시나요? mu-ŏ sŭl cha-zŭ-shi-na-yo?	**Wonach suchen Sie?**
03	혹시 반바지 있나요? hok-shi ban-ba-ji it-na-yo?	**Haben Sie zufällig kurze Hosen?**
04	모자를/신발을 찾고 있어요. mo-ja rŭl / shin-bal ŭl chat-go i-ssŏ-yo.	**Ich suche Hüte/ Schuhe.**
05	찾으시는 스타일이/브랜드가 있나요? cha-zŭ-shi-nŭn sŭ-ta-il i / bŭ-raen-dŭ ga it-na-yo?	**Gibt es einen Stil/ eine Marke, nach der Sie suchen?**
06	도와드릴까요? do-wa-dŭ-ril-gga-yo?	**Darf ich Ihnen helfen?**
07	사이즈가 어떻게 되시나요? sa-i-zŭ ga ŏ-ttŏ-ke doe-shi-na-yo?	**Was ist (Ihre) Größe?**
08	입어봐도 되나요? ib-ŏ-bwa-do doe-na-yo?	**Kann ich das anprobieren?**
09	이 사이즈 있나요? i sa-i-zŭ it-na-yo?	**Haben Sie diese Größe?**

10 제 사이즈는 30입니다.
je sa-i-zŭ nŭn sam-ship ip-ni-da.
Meine Größe ist 30.

11 조금 큰/작은 것 같아요.
jo-gŭm kŭn / jag-ŭn gŏt gat-a-yo.
Ich denke, es ist ein bisschen klein/ groß.

12 딱 맞네요.
ttak mat-ne-yo.
Es passt perfekt.

13 얼마예요?
ŏl-ma ye-yo?
Wie viel kostet es?

14 세일 하나요?
se-il ha-na-yo?
Steht es zum Verkauf?

15 재고 있나요?
jae-go it-na-yo?
Haben Sie es auf Lager?

16 확인해 주시겠어요?
hwag-in hae ju-shi-get-ssŏ-yo?
Könnten Sie das bitte überprüfen?

17 반품 가능한가요?
ban-pum ga-nŭng-han-ga-yo?
Ist es vom Umtausch ausgeschlossen?

18 얼마동안에 반품 할 수 있나요?
ŏl-ma dong-an-e ban-pum hal su it-na-yo?
Wie spät kann ich es zurückgeben?

19 환불 가능한가요?
hwan-bul ga-nŭng-han-ga-yo?
Kann ich eine Rückerstattung erhalten?

20 반품 하고 싶습니다.
ban-pum ha-go ship-sŭp-ni-da.
Ich würde es gerne zurückgeben.

21 제품에 문제가 있나요?
je-pum e mun-je ga it-na-yo?
Gab es ein Problem mit dem Produkt?

22 아니요, 사이즈가 맞지 않아요.
a-ni-yo, sa-i-zŭ ga mat-ji an-a-yo.
Nein, die Größe stimmt nicht.
= Nein, es passt nicht.

23	아니요, 스타일이 맞지 않아요. a-ni-yo, sŭ-ta-il i mat-ji a-na-yo.	**Nein, ich mochte den Stil nicht.**
24	다른 색상이 있나요? da-rŭn saek-sang i it-na-yo?	**Haben Sie verschiedene Farben?**
25	이게 마음에 들어요. i-ge ma-ŭm-e dŭl-ŏ-yo.	**Das gefällt mir. = Ich mag das.**
26	그냥 둘러볼게요. gŭ-nyang dul-lŏ-bol-gge-yo.	**Ich schaue mich nur um.**
27	구경해도 되나요? gu-gyŏng-hae-do doe-na-yo?	**Darf ich mich umschauen?**
28	탈의실이 어디죠? tal-ŭi-shil i ŏ-di-jyo?	**Wo ist die Umkleidekabine?**
29	남성용/여성용 인가요? nam-sŏng-yong / yŏ-sŏng-yong in-ga-yo?	**Ist das für Männer/ für Frauen? = Ist das Männer oder Frauen?**
30	여기 흠이 있어요. yŏ-gi hŭm i i-ssŏ-yo.	**Hier ist ein Kratzer/ Einschnitt/ Defekt.**
31	원래 이런가요? wŏl-lae i-rŏn-ga-yo?	**Ist das normalerweise so? = Ist das normal?**
32	할인 해 주실수 있나요? hal-in hae ju-shil-su it-na-yo?	**Können Sie mir einen Rabatt geben?**
33	신상품 있나요? shin-sang-pum it-na-yo?	**Haben Sie die neuesten Produkte?**
34	정품 맞나요? jŏng-pum mat-na-yo?	**Ist das ein authentisches Produkt?**
35	매니저를 만나고 싶습니다. mae-ni-jŏ rŭl man-na-go ship-sŭp-ni-da.	**Ich möchte den Manager kennenlernen.**

36	계산 해주세요. gye-san hae-ju-se-yo.	**Bitte kalkulieren Sie (den Preis) für mich. = Bitte bonieren Sie es für mich.**
37	쇼핑백을 주세요. sho-ping-baeg ŭl ju-se-yo.	**Bitte geben Sie mir eine Einkaufstasche.**
38	포장 해주세요. po-jang hae-ju-se-yo.	**Bitte packen Sie es für mich ein.**
39	영수증을 백안에 넣어주세요. yŏng-su-zŭng ŭl baeg-an-e nŏ-ŏ-ju-se-yo.	**Bitte legen Sie die Quittung in die Tasche.**
40	영수증은 저에게 주세요. yŏng-su-zŭng ŭn jŏ-e-ge ju-se-yo.	**Bitte geben Sie mir die Quittung.**
41	카드 되나요? ka-dŭ doe-na-yo?	**Ist die Kreditkarte in Ordnung? = Nehmen Sie Kreditkarten?**
42	현금도 되나요? hyŏn-gŭm do doe-na-yo?	**Ist Bargeld auch in Ordnung? = Kann ich bar bezahlen?**
43	현금으로 사면 할인 받나요? hyŏn-gŭm ŭ-ro sa-myŏn hal-in bat-na-yo?	**Erhalte ich einen Rabatt, wenn ich mit Bargeld kaufe?**
44	택스리펀드 되나요? taek-sŭ-ri-pŏn-dŭ doe-na-yo?	**Hat es Anspruch auf Steuerrückerstattung?**
45	택스리펀드는 어디에서 하나요? taek-sŭ-ri-pŏn-dŭ nŭn ŏ-di-e-sŏ ha-na-yo?	**Wo erfolgt die Steuerrückerstattung?**
46	이렇게 작성하면 되나요? i-rŏt-ke jak-sŏng-ha-myŏn doe-na-yo?	**Ist es richtig, wenn ich so ausfülle?**
47	배달도 되나요? bae-dal do doe-na-yo?	**Kann es auch geliefert werden?**
48	홀드해 주실 수 있나요? hol-dŭ hae ju-shil su it-na-yo?	**Können Sie es für mich halten?**
49	다시 찾으러 올게요. da-shi cha-zŭ-rŏ ol-gge-yo.	**Ich werde wiederkommen, um es abzuholen.**

50	수선 가능한가요? su-sŏn ga-nŭng-han-ga-yo?	**Ist ein Wechsel möglich?**
51	언제 준비 될까요? ŏn-je jun-bi doel-gga-yo?	**Wann wird es fertig sein?**
52	준비되면 연락 주세요. jun-bi doe-myŏn yŏl-lak ju-se-yo.	**Bitte rufen Sie mich an, wenn es soweit ist.**
53	도와주셔서 감사합니다. do-wa-ju-shŏ-sŏ gam-sa-hap-ni-da.	**Danke, dass Sie mir geholfen haben.**
54	그때 돌아 올게요. gŭ-ttae dol-a-ol-gge-yo.	**Ich bin zurück, wenn es soweit ist.**
55	좀 더 깎아주세요. jom dŏ gga-ka-ju-se-yo.	**Bitte geben Sie mir etwas mehr Rabatt.**
56	너무 비싸네요. nŏ-mu bi-ssa-ne-yo.	**Es ist zu teuer.**
57	좀 더 싼 거 있나요? jom dŏ ssan gŏ it-na-yo?	**Haben Sie etwas billigeres?**
58	영업시간이 어떻게 되요? yŏng-ŏp-shi-gan i ŏ-ttŏ-ke doe-yo?	**Was sind (Ihre) Geschäftszeiten?**
59	몇시에 열어요? myŏ-sshi e yŏl-ŏ-yo?	**Um wie viel Uhr öffnen Sie?**
60	몇시에 닫아요? myŏ-sshi e dad-a-yo?	**Wann schließen Sie?**
61	오늘 몇시까지 하세요? o-nŭl myŏ-sshi gga-ji ha-se-yo?	**(Wortbedeutung) Bis wann arbeiten Sie heute? = Wie spät schliessen Sie heute?**
62	어떻게 계산하시겠어요? ŏ-ttŏ-ke gye-san ha-shi-get-ssŏ-yo?	**Wie möchten Sie bezahlen?**
63	더 가져 올게요. dŏ ga-jyŏ ol-gge-yo.	**Ich werde mehr bringen.**

64	잠시만 기다려주세요. jam-shi-man gi-da-ryŏ-ju-se-yo.	**Bitte warten Sie einen Moment.**
65	함께 계산 해주세요. ham-gge gye-san hae-ju-se-yo.	**Bonieren Sie das bitte zusammen. = Ich möchte sie alle zusammen bezahlen.**
66	따로따로 계산 해주세요. tta-ro-tta-ro gye-san hae-ju-se-yo.	**Bonieren Sie das bitte separat. = Ich möchte sie separat bezahlen.**
67	돈이 모자라네요. don i mo-ja-ra-ne-yo.	**Ich habe nicht genug Geld.**
68	얼마나 더 필요하죠? ŏl-ma-na dŏ pil-yo-ha-jyo?	**Um wie viel mehr brauchen Sie?**
69	새 제품 맞죠? sae je-pum mat-jyo?	**Es ist ein neues Produkt, oder?**
70	언제 재입고 될까요? ŏn-je jae-ip-go doel-gga-yo?	**Wann wird es wieder auf Lager sein?**
71	다른 매장에는 있나요? da-rŭn mae-jang-e nŭn it-na-yo?	**Ist es in anderen Geschäften erhältlich?**
72	디스플레이랑 같은 것 주세요. di-sŭ-pŭl-lae-i-lang ga-tŭn gŏt ju-se-yo.	**Bitte geben Sie mir das Gleiche wie das, was ausgestellt ist.**
73	어떤게 가장 인기있나요? ŏ-ttŏn-ge ga-jang in-ggi-it-na-yo?	**Welches ist das beliebteste?**
74	재질이 뭔가요? jae-jil i mwŏn-ga-yo?	**Was ist das Material? = Woraus besteht es?**
75	늘려주세요/줄여주세요. nŭl-lyŏ-ju-se-yo / jul-yŏ-ju-se-yo.	**Bitte verlängern/ verkürzen.**
76	세탁기에 돌려도 되나요? se-tak-gi e dol-lyŏ-do doe-na-yo?	**Ist es maschinenwaschbar?**
77	교환하고 싶어요. gyo-hwan ha-go ship-ŏ-yo.	**Ich möchte (dies) umtauschen.**
78	이거 보증 되나요? i-gŏ bo-zŭng doe-na-yo?	**Kann dies durch eine Garantie abgedeckt werden?**

79	계산이 잘못 된 것 같아요. gye-san i jal-mot doen gŏt gat-a-yo.	**Ich denke die Rechnung war falsch. = Ich denke die Rechnung ist falsch.**
80	어때보여요? ŏ-tte bo-yŏ-yo?	**Wie sehe ich aus?**
81	잘 어울리나요? jal ŏ-ul-li-na-yo?	**Sieht es an mir gut aus?**
82	이걸로 할게요. i-gŏl lo hal-gge-yo.	**Ich werde das mitnehmen. = Ich nehme das.**
83	지금 유행이에요. ji-gŭm yu-haeng-i-e-yo.	**Das ist heutzutage sehr beliebt.**
84	추천해 주세요. chu-chŏn hae ju-se-yo.	**Bitte schlagen Sie für mich vor. = Ich bin offen für Vorschläge.**
85	가격이 어떻게 되나요? ga-gyŏg i ŏ-ttŏ-ke doe-na-yo?	**Was ist der Preis?**
86	다 고르셨나요? da go-rŭ-shŏt-na-yo?	**Haben Sie alle ausgewählt? = Hast du alles in Ordnung gefunden?**
87	전부 얼마죠? jŏn-bu ŏl-ma-jyo?	**Wie viel ist das alles zusammen?**
88	세금이 포함되었나요? se-gŭm i po-ham doe-ŏt-na-yo?	**Sind Steuern inbegriffen?**
89	거스름 돈 있으세요? gŏ-sŭ-rŭm don i-ssŭ-se-yo?	**Haben Sie Wechselgeld?**
90	싸게 사시는 겁니다. ssa-ge sa-shi-nŭn gŏp-ni-da.	**Sie kaufen es billig. = Das ist ein guter Kauf.**
91	세일은 언제까지 하나요? se-il ŭn ŏn-je gga-ji ha-na-yo?	**Bis wann machen Sie den Verkauf? = Wie lange ist der Verkauf gültig?**
92	지금은 특별 세일 기간입니다. ji-gŭm ŭn tŭk-byŏl se-il gi-gan ip-ni-da.	**Jetzt ist eine spezielle Verkaufsperiode.**
93	돈을 더 낸 것 같아요. don ŭl dŏ naen gŏt gat-a-yo.	**Ich glaube, ich habe mehr Geld bezahlt. = Ich glaube, ich habe zu viel bezahlt.**

94	신용카드를/여행자수표를 받나요? shin-yong-ka-dŭ rŭl / yŏ-haeng-ja-su-pyo rŭl bat-na-yo?	**Nehmen Sie Kreditkarten- / Reiseschecks an?**
95	엘레베이터는 어디에 있나요? el-le-be-i-tŏ nŭn ŏ-di-e it-na-yo?	**Wo ist der Aufzug?**
96	이것을 수리받고 싶어요. i-gŏ sŭl su-ri-bat-go ship-ŏ-yo.	**Ich möchte das reparieren lassen.**
97	고장났어요. go-jang-na-ssŏ-yo.	**Es ist kaputt.**
98	불량품이에요. bul-lyang-pum i-e-yo.	**Es ist ein fehlerhaftes Produkt.**
99	어디서 샀어요? ŏ-di-sŏ sa-sso-yo?	**Wo haben Sie es gekauft?**
100	정말 옷 잘입네요. jŏng-mal ot jal ip-ne-yo.	**(Sie) tragen wirklich gut Kleidung. = Sie haben ein gutes Gespür für Mode.**
101	패션 감각이 좋다. pae-shŏn gam-gag i jot-ta.	**(Ihr) Sinn für Mode ist gut.**
102	옷이 그게 뭐예요? o shi gŭ-ge mwŏ-ya?	**Was ist mit der Kleidung los?**
103	요즘 유행하는 스타일이예요. yo-zŭm yu-haeng-ha-nŭn sŭ-ta-il i-ye-yo.	**(Das) ist ein Stil, der heutzutage im Trend liegt.**
04	옷이 날개네요. o shi nal-gae ne-yo.	**(Lit) Kleider sind Federn. = Du siehst so gut aus in diesen Klamotten.**
05	옷이 너무 야해요. o shi nŏ-mu ya-hae-yo.	**(Ihre) Kleidung ist zu sexy/ aufschlussreich.**

Kapitel 5. RESTAURANT

01	자리 있나요? ja-ri it-na-yo?	Gibt es einen (verfügbaren) Sitzplatz?
02	몇 명 이세요? myŏt myŏng i-se-yo?	Wie viele Personen sind es?
03	네명 입니다. ne myŏng ip-ni-da.	Es sind 4 Personen.
04	예약 하셨나요? ye-yak ha-shŏt-na-yo?	Haben Sie reserviert? = Haben Sie eine Reservierung?
05	아니요, 안 했어요 / 네, 했어요. a-ni-yo, an hae-ssŏ-yo. / ne, hae-ssŏ-yo.	Nein, habe ich nicht. / Ja, habe ich.
06	몇시로 예약 하셨나요? myŏ-sshi ro ye-yak ha-shŏt-na-yo?	Für welche Uhrzeit haben Sie die Reservierung vorgenommen?
07	한시요. / 한시 삼십분이요. han shi-yo. / han shi sam-ship bun i-yo.	Es ist 1 Uhr. / Es ist 1 Uhr und 30 Minuten (es ist halb zwei).
08	이쪽으로 오세요. i-jjog ŭ-ro o-se-yo.	Kommen Sie bitte hier entlang.
09	이 자리 괜찮으세요? i ja-ri goen-chan-ŭ-se-yo?	Ist dieser Sitz in Ordnung?

10	혹시 테이블은 없나요? hok-shi te-i-bŭl ŭn ŏp-na-yo?	**Haben Sie zufällig einen Tisch?**
11	메뉴를 주세요. me-nyu rŭl ju-se-yo.	**Geben Sie mir bitte die Speisekarte.**
12	추천 해주세요. chu-chŏn hae-ju-se-yo.	**Bitte machen Sie Vorschläge/ Empfehlungen.**
13	매운 것/단 것 좋아하세요? mae-un gŏt/dan gŏt jo-a-ha-se-yo?	**Möchten Sie etwas scharfes/ süßes?**
14	매운 것 잘 못먹어요 mae-un gŏt jal mot-mŏg-o-yo.	**(Ich) kann scharfe Sachen nicht gut essen.**
15	이거 드셔보셨나요? i-gŏ dŭ-shŏ-bo-shŏt-na-yo?	**Haben Sie das versucht?**
16	어떤 요리인가요? ŏ-ttŏn yo-ri in-ga-yo?	**Um welche Art von Küche handelt es sich?**
17	마늘이/양파가 들어있나요? ma-nŭl i / yang-pa ga dŭl-ŏ-it-na-yo?	**Enthält es Knoblauch/ Zwiebel?**
18	뭘로 만든 건가요? mwŏl-lo man-dŭn gŏn-ga-yo?	**Womit ist es gemacht? = Was sind die Zutaten?**
19	얼마나 걸리나요? ŏl-ma-na gŏl-li-na-yo?	**Wie lange dauert es?**
20	시간이 좀 걸립니다 shi-gan i jom gŏl-lip-ni-da.	**Es wird etwas dauern (um es zu kochen).**
21	양이 얼마나 되나요? yang i ŏl-ma-na doe-na-yo?	**Wie groß ist die Portion?**
22	둘이 먹기에 충분해요/부족해요. dul i mŏk-ki-e chung-bun-hae-yo / bu-jok-hae-yo.	**Es ist genug (für) zwei zu essen. / Es ist unzureichend.**

23	음료수는 어떤 종류로 하시겠어요? ŭm-nyo-su nŭn ŏ-ttŏn jong-nyu ro ha-shi-get-ssŏ-yo?.	**Was für ein Getränk hätten Sie gerne?**
24	어떤게 있나요? ŏ-ttŏn-ge it-na-yo?	**Welche Art haben Sie?**
25	쥬스로 할게요. jyu-sŭ ro hal-gge-yo.	**Ich werde mit Saft gehen.**
26	그냥 물이요. gŭ-nyang mul i-yo.	**Nur Wasser, bitte.**
27	젓가락/포크/숟가락/냅킨 주세요. jŏt-ga-rak/po-kŭ/sut-ga-rak/naep-kin ju-se-yo.	**Bitte geben Sie mir ein Essstäbchen / eine Gabel / einen Löffel.**
28	주문 하시겠어요? ju-mun ha-shi-get-ssŏ-yo?	**Möchten Sie bestellen?**
29	주문 도와드릴까요? ju-mun do-wa-dŭ-ril-gga-yo?	**Darf ich Ihnen bei Ihrer Bestellung behilflich sein?**
30	시간을 조금 더 주세요. shi-gan ŭl jo-gŭm dŏ ju-se-yo.	**Geben Sie mir bitte etwas mehr Zeit.**
31	주문하신 음식 나왔습니다. ju-mun-ha-shin ŭm-shik na-wat-ssŭp-ni-da.	**Hier ist das Gericht, das Sie bestellt haben**
32	이건 제가 주문한게 아닌데요. i-gŏn je ga ju-mun-han-ge a-nin-de-yo.	**Das habe ich nicht bestellt.**
33	다시 확인 해주세요. da-shi hwag-in hae-ju-se-yo.	**Bitte noch einmal prüfen.**
34	사진과 너무 다른데요. sa-jin gwa nŏ-mu da-rŭn-de-yo.	**Es ist zu unterschiedlich vom Bild.**
35	주방장을 불러주세요. ju-bang-jang ŭl bul-lŏ-ju-se-yo.	**Bringen Sie mir bitte den Koch.**

36	음식이 식었어요. ŭm-shig i shig-ŏ-ssŏ-yo.	**Das Essen ist kalt.**
37	음식에서 이게 나왔어요. ŭm-shig e-sŏ i-ge na-wa-ssŏ-yo.	**Das war in meinem Essen.**
38	음식이 너무 짜요/싱거워요. ŭm-shig i nŏ-mu jja-yo / shing-gŏ-wŏ-yo.	**Das Essen ist zu salzig/ geschmacklos.**
39	이건 어떻게 먹나요? i-gŏn ŏ-ttŏ-ke mŏk-na-yo?	**Wie essen Sie das?**
40	음식 언제 나오나요? ŭm-shig ŏn-je na-o-na-yo?	**Wann kommt das Essen an?**
41	왜 이렇게 오래 걸리죠? wae i-rŏt-ke o-rae gŏl-li-jyo?	**Warum dauert es so lange?**
42	주문이 들어갔나요? ju-mun i dŭl-ŏ-gat-na-yo?	**Ist die Bestellung durchgegangen?**
43	계산서를 주세요. gye-san-sŏ rŭl ju-se-yo.	**Bitte geben Sie mir die Rechnung.**
44	잘 먹었습니다. jal mŏg-ŏ-ssŭp-ni-da.	**(Ich) aß gut. = Danke für das tolle Essen.**
45	정말 맛있었어요. jŏng-mal ma-shi-ssŏ-ssŏ-yo.	**Es war wirklich lecker.**
46	배가 불러요. bae ga bul-lŏ-yo	**Magen ist voll. = Ich bin voll**
47	포장 되나요? po-jang doe-na-yo.	**Kann es eingewickelt werden? = Kann ich das mitnehmen?**
48	남은 음식을 싸주세요. nam-ŭn ŭm-shig ŭl ssa-ju-se-yo.	**Bitte wickeln Sie die Essensreste ein.**

Kapitel 6. AM FLUGHAFEN

01	어느 항공 인가요? ŏ-nŭ hang-gong in-ga-yo?	**Um welche Fluggesellschaft handelt es sich?**
02	한국항공 입니다. han-guk hang-gong ip-ni-da.	**Es ist Hanguk Airline.**
03	201 항공편 입니다. i-gong-il hang-gong-pyŏn ip-ni-da.	**Es ist Flug 201.**
04	여권을 보여주세요. yŏ-ggwŏn ŭl bo-yŏ-ju-se-yo.	**Zeigen Sie mir bitte den Reisepass.**
05	예약을 확인 해주세요. ye-yag ŭl hwag-in hae-ju-se-yo.	**Könnten Sie bitte meine Reservierung bestätigen?**
06	이번/다음 터미널에 내려주세요. i-bŏn / da-ŭm tŏ-mi-nŏl e nae-ryŏ-ju-se-yo.	**Bitte setzen Sie mich an diesem / nächstem Terminal ab.**
07	수속을 하려고요. su-sog ŭl ha-ryŏ-go-yo.	**Ich möchte bitte einchecken.**
08	수속 카운터는 어디인가요? su-sok ka-un-tŏ nŭn ŏ-di-in-ga-yo?	**Wo ist der Check-In Schalter?**
09	부산까지 가시죠? bu-san gga-ji ga-shi-jyo?	**Sie gehen nach Busan, oder?**

10	직항이죠? jik-hang i-jyo?	**Es ist ein Direktflug, oder?**
11	어떤 목적으로 가시나요? ŏ-ttŏn mok-jŏg ŭ-ro ga-shi-na-yo?	**Was ist der Zweck Ihrer Reise?**
12	짐을/수하물을 부치시나요? jim ŭl / su-ha-mul ŭl bu-chi-shi-na-yo?	**Checken Sie Taschen / Gepäck ein?**
13	짐이/수하물이 몇개인가요? jim i / su-ha-mul i myŏt-gae-in-ga-yo?	**Wie viele Taschen / Gepäckstücke sind es?**
14	짐은/수하물은 무게 제한이 얼마죠? jim ŭn / su-ha-mul ŭn mu-ge je-han i ŏl-ma-jyo?	**Wie hoch ist die Gewichtsbeschränkung (für das Gepäck)?**
15	짐이 무게를 초과했어요. jim i mu-ge rŭl cho-gwa-hae-ssŏ-yo.	**(Ihr) Gepäck ist über dem Gewicht (Limit).**
16	몇개를 뺄게요. myŏt-gae rŭl bbael-gge-yo.	**Ich werde etwas herausnehmen.**
17	얼마나 초과되었나요? ŏl-ma-na cho-gwa-doe-ŏt-na-yo?	**Wie viel ist es darüber?**
18	이제 어떤가요? i-je ŏ-ttŏn-ga-yo?	**Wie wäre es jetzt?**
19	수속 하셨나요? su-sok ha-shŏt-na-yo?	**Haben Sie eingecheckt?**
20	아니요, 수속 좀 도와주세요. a-ni-yo, su-sok jom do-wa-ju-se-yo.	**Nein, bitte helfen Sie mir beim Einchecken.**
21	인터넷으로 예약을 했어요. in-tŏ-ne-sŭ-ro ye-yag ŭl hae-ssŏ-yo.	**Ich habe über das Internet reserviert.**
22	여기 제 예약번호가 있습니다. yŏ-gi je ye-yak-bŏn-ho ga it-ssŭp-ni-da.	**Hier ist meine Reservierungsnummer.**

23	마일리지가 적립되었습니다. ma-il-li-ji ga jŏng-nip-doe-ŏ-ssŭp-ni-da.	**Meilen wurden gesammelt.**
24	초과 수화물 비용이 있나요? cho-gwa su-hwa-mul bi-yong i it-na-yo?	**Gibt es eine Gebühr für Übergepäck?**
25	카트는 어디 있나요? ka-tŭ nŭn ŏ-di it-na-yo?	**Wo sind die Wagen?**
26	좌석이 지정되어 있나요? jwa-sŏg i ji-jŏng-doe-ŏ it-na-yo?	**Sind die Plätze vorbelegt?**
27	제 좌석은 어디죠? je jwa-sŏg ŭn ŏ-di-jyo?	**Wo ist mein Sitzplatz?**
28	좌석 변경이 가능한가요? jwa-sŏk byŏn-gyŏng i ga-nŭng-han-ga-yo?	**Kann ich den Sitz wechseln?**
29	창가쪽/복도쪽/가운데 좌석 있나요? chang-gga-jjok/bok-ddo-jjok/ga-un-dae jwa-sŏk it-na-yo?	**Haben Sie ein (einen) Fenster- / Insel- Mittelsitz zur Verfügung?**
30	창가쪽/복도쪽/가운데 좌석 부탁합니다. chang-gga-jjok/bok-ddo-jjok/ga-un-dae jwa-sŏg bu-tak-hap-ni-da.	**Ein (Einen) Fenster / Insel / Mittelsitz, bitte.**
31	정시에 출발하나요? jŏng-shi e chul-bal ha-na-yo?	**Reist es zur geplanten Zeit ab?**
32	동반자가 있나요? dong-ban-ja ga it-na-yo?	**Haben Sie einen Begleiter?**
33	비자가 있나요? bi-za ga it-na-yo?	**Haben Sie ein Visum?**
34	신분증을 보여주세요. shin-bun-tzŭng ŭl bo-yŏ-ju-se-yo.	**Zeigen Sie mir bitte Ihre Karte.**
35	몇시에 탑승 시작하죠? myŏ-sshi-e tap-sŭng shi-jag-ha-jyo?	**Wann beginnt das Boarding?**

36	만석입니다. man-sŏg ip-ni-da.	**Alle Plätze sind besetzt. = Wir haben einen vollen Flug.**
37	탑승권을 보여주세요. tap-sŭng-ggwŏn ul bo-yŏ-ju-se-yo.	**Zeigen Sie mir bitte Ihre Bordkarte.**
38	한국항공 카운터는 어디죠? han-guk-hang-gong ka-un-tŏ nŭn ŏ-di-jyo?	**Wo ist der Schalter für Hanguk Airline?**
39	짐은 어디에서 찾나요? jim ŭn ŏ-di e-sŏ chat-na-yo?	**Wo hole ich mein Gepäck ab?**
40	짐을 잃어버렸어요. jim-ŭl il-ŏ-bŏ-ryŏ-ssŏ-yo.	**Ich habe mein Gepäck verloren.**
41	면세점은 어디죠? myŏn-se-jŏm ŭn ŏ-di-jyo?	**Wo ist der Duty Free Shop?**
42	애완동물도 탑승이 가능한가요? ae-wan-dong-mul do tap-sŭng-i ga-nŭng-han-ga-yo?	**Kann ich auch Haustiere mit ins Flugzeug nehmen?**
43	환승 게이트는 어디죠? hwan-sŭng ge-i-tŭ-nŭn ŏ-di-jyo?	**Wo ist das Transfergate?**
44	연착 되었나요? yŏn-chak doe-ŏt-na-yo?	**Ist es verspätet?**
45	다음 비행기편에 늦었습니다. da-ŭm bi-haeng-gi-pyŏn e nŭ-zŏt-ssŭp-ni-da.	**Ich bin zu spät für (meinen) Anschlussflug.**
46	비행기를 놓칠 것 같아요. bi-haeng-gi rŭl not-chil-gŏt gat-a-yo.	**Ich denke, ich werde (mein) Flugzeug (= Flug) verpassen.**
47	제가 먼저 가도 될까요? je ga mŏn-jŏ ga-do doel-gga-yo?	**Darf ich zuerst gehen?**
48	줄이 기네요. jul i gi-ne-yo.	**Die Schlange ist lang. = Es ist eine lange Schlange.**
49	여행자보험을 구입하고 싶은데요. yŏ-haeng-ja bo-hŏm-ŭl gu-ip-ha-go ship-ŭn-de-yo.	**Ich möchte eine Reiseversicherung abschließen.**

50	면세품을 주문하고 싶은데요. myŏn-se-pum ŭl ju-mun-ha-go ship-ŭn-de-yo.	**Ich möchte Duty-Free-Artikel bestellen.**
51	여권을 집에 놓고 왔어요. yŏ-ggwŏn-ŭl jib e not-ko wa-ssŏ-yo.	**Ich habe meinen Reisepass zu Hause gelassen.**
52	금지된 물건이 있나요? gŭm-ji-doen mul-gŏn i it-na-yo?	**Gibt es (irgendwelche) eingeschränkten Gegenstände?**
53	깨지기 쉬운 물건이 들어있어요. ggae-ji-gi shwi-un mul-gŏn i dŭl-ŏ-i-ssŏ-yo.	**Es sind zerbrechliche Gegenstände darin.**
54	짐이 서울까지 가나요? jim i sŏ-ul gga-ji ga-na-yo?	**Geht mein Gepäck nach Seoul?**
55	도쿄까지 연결되나요? to-kyo gga-ji yŏn-gyŏl-doe-na-yo?	**Stellt es eine Verbindung nach Tokio her?**
56	짐을 다시 찾아야 하나요? jim ŭl da-shi cha-ja-ya ha-na-yo?	**Muss ich mein Gepäck wieder abholen?**
57	게이트가 몇번인가요? ge-i-tŭ ga myŏt bŏn in-ga-yo?	**Welche Nummer ist das Tor?**
58	짐을 부치시겠어요? jim ŭl bu-chi-shi-get-ssŏ-yo?	**Möchten Sie (Ihre) Tasche einchecken?**
59	아니요, 들고 탈게요. a-ni-yo, dŭl-go tal-gge-yo.	**Nein, ich werde es an Bord tragen.**
60	아기도 티켓을 사야 하나요? a-gi do ti-ke sŭl sa-ya ha-na-yo?	**Muss ein Baby/ Kleinkind auch eine Fahrkarte kaufen?**
61	아기가 몇 살이죠? a-gi ga myŏt sal i-jyo?	**Wie alt ist das Baby?**
62	세 살입니다. se sal ip-ni-da.	**Er/ Sie ist drei Jahre alt.**
63	신발을/안경을 벗어야 하나요? shin-bal ŭl/an-gyŏng ŭl bŏ-sŏ-ya ha-na-yo?	**Muss ich (meine) Schuhe/ Brillen ausziehen?**

64	랩탑을 꺼내야 하나요? leb-tab ŭl ggŏ-nae-ya ha-na-yo?	**Muss ich (meinen) Laptop herausnehmen?**
65	모자를 벗어주세요. mo-ja rŭl bŏ-sŏ-ju-se-yo.	**Bitte nehmen Sie Ihren Hut ab.**
66	안경도 벗어야 하나요? an-gyŏng do bŏ-sŏ-ya ha-na-yo?	**Muss ich auch meine Brille abnehmen?**
67	탑승을 시작합니다. tap-sŭng ŭl shi-jak-hap-ni-da.	**Wir beginnen an Bord zu gehen.**
68	탑승을 마감합니다. tap-sŭng ŭl ma-gam-hap-ni-da.	**Wir beenden das Boarding. = Wir werden den Flug schließen.**
69	제가 먼저 왔는데요. je ga mŏn-jŏ wat-nŭn-de-yo.	**Ich war zuerst hier.**
70	줄이 여기인가요? jul i yŏ-gi in-ga-yo?	**Ist das die Linie?**
71	도와주시겠어요? do-wa-ju-si-get-ssŏ-yo?.	**Würden Sie bitte helfen?**
72	비행기를 놓쳤어요. bi-haeng-gi rŭl not-chŏ-ssŏ-yo.	**(Ich) habe (mein) Flugzeug (= Flug) verpasst.**
73	연결편이 연착/취소되었어요. yŏn-gyŏl-pyŏn i yŏn-chak/chwi-so doe-ŏ-ssŏ-yo.	**Der Anschlussflug hat Verspätung / Annullierung.**
74	비행기가 연착/취소되었어요. bi-haeng-gi ga yŏn-chak/chwi-so doe-ŏ-ssŏ-yo.	**Das Flugzeug (= Flug) hat Verspätung / Annullierung.**
75	보상을 원합니다. bo-sang ŭl wŏn-hap-ni-da.	**Ich möchte eine Entschädigung.**
76	호텔을 제공해주세요. ho-tel ŭl je-gong hae-ju-se-yo.	**Geben Sie mir bitte ein Hotel.**
77	남은 자리가 있나요? nam-ŭn ja-ri ga it-na-yo?	**Haben Sie noch Plätze frei?**
78	자리가 다 찼네요. ja-ri ga da chat-ne-yo.	**Die Plätze sind alle besetzt. = Alle Plätze sind besetzt.**

79	편도입니까? / 왕복입니까? pyŏn-do ip-ni-gga? / wang-bog ip-ni-gga?	**Ist es eine einfacher Flug? Ist es ein Hin- und Rückflug?**
80	편도는/왕복은 얼마죠? pyŏn-do nŭn / wang-bog ŭn ŏl-ma-jyo?	**Wie viel kostet ein einfacher Flug / Hin- und Rückflug?**
81	가장 빠른 다음 편은 언제죠? ga-jang bba-rŭn da-ŭm pyŏn ŭn ŏn-je-jyo?	**Wann ist der schnellste (= früheste) nächste Flug?**
82	짐이 도착을 안했어요. jim i do-chag ŭl an-hae-ssŏ-yo.	**(Mein) Gepäck ist nicht angekommen.**
83	가방이 부숴졌어요. ga-bang i bu-swŏ-jyŏ-ssŏ-yo.	**(Meine) Tasche wurde beschädigt.**
84	지갑이 없어졌어요. ji-gab i op-ssŏ-jyŏ-ssŏ-yo.	**(Meine) Brieftasche fehlt.**
85	환전을 하고 싶은데요. hwan-jŏn ŭl ha-go ship-ŭn-de-yo.	**Ich möchte Geld wechseln.**
86	환율이 어떻게 되나요? hwan-yul i ŏ-ttŏ-ke doe-na-yo?	**Wie ist der Wechselkurs?**
87	10만원 어치 바꿔주세요. ship ma-wŏn ŏ-chi ba-ggwŏ-ju-se-yo.	**Bitte tauschen Sie 100.000 Won ein.**
88	원으로/달러로 바꿔주세요. wŏn ŭ-ro / dal-lŏ ro ba-ggwŏ-ju-se-yo.	**Bitte umtauschen in Won/ Dollar.**
89	버스는/택시는 어디에서 타나요? bŏ-sŭ nŭn/tek-shi nŭn ŏ-di-e-sŏ ta-na-yo?	**(Von) wo nehme ich den Bus / Taxi?**
90	미국까지 가나요? mi-guk gga-ji ga-na-yo?	**Geht es in die USA?**

Kapitel 7. IM FLUGZEUG

01 여기 제 자리 같은데요.
yŏ-gi je ja-ri gat-ŭn-de-yo?
Ich denke das ist mein Platz.

02 자리를 확인 해 주시겠어요?
ja-ri rŭl hwag-in hae ju-shi-get-ssŏ-yo?
Würden Sie bitte Ihren Sitzplatz überprüfen?

03 자리 찾는 것 좀 도와주세요.
ja-ri chat-nŭn gŏt jom do-wa-ju-se-yo.
Bitte helfen Sie mir, meinen Platz zu finden.

04 여기는 제 자리입니다.
yŏ-gi nŭn je ja-ri ip-ni-da.
Das ist mein Platz.

05 여권과 탑승권을 보여주세요.
yŏ-ggwŏn-gwa tap-sŭng-gwŏn ŭl bo-yŏ-ju-se-yo.
Bitte zeigen Sie mir Ihren Reisepass und Ihre Bordkarte vor.

06 들고 타도 되나요?
dŭl-go ta-do doe-na-yo?
Kann ich weitermachen?

07 강아지가/고양이가 있어요.
gang-a-ji ga / go-yang-i ga i-ssŏ-yo.
Ich habe einen Welpen (Hund) / eine Katze.

08 짐을 실어주세요.
jim ŭl shil-ŏ-ju-se-yo.
Bitte laden Sie (mein) Gepäck auf.

09 짐이 무겁습니다.
jim i mu-gŏp-sŭp-ni-da.
(Mein) Gepäck ist schwer.

10	짐을 꺼내주세요. jim ŭl ggŏ-nae-ju-se-yo.	**Bitte nehmen Sie mein Gepäck heraus.**
11	좀 도와주시겠어요? jom do-wa-ju-shi-get-ssŏ-yo?	**Könnten Sie mir bitte ein wenig helfen?**
12	가방 안에 무엇이 들어있나요? ga-bang an-e mu-ŏ shi dŭl-ŏ-it-na-yo?	**Was ist in der Tasche?**
13	비상구는 어디입니까? bi-sang-gu nŭn ŏ-di-ip-ni-gga?	**Wo ist der Notausgang?**
14	벨트를 매 주세요. bel-tŭ rŭl mae ju-se-yo.	**Bitte schnallen Sie sich an.**
15	기내에서는 금연입니다. gi-nae-e-sŏ nŭn gŭm-yŏn-ip-ni-da.	**Im Flugzeug ist das Rauchen verboten. = Rauchen ist an Bord verboten.**
16	휴대폰은 비행기 모드로 바꿔주세요. hyu-dae-pon ŭn bi-haeng-gi mo-dŭ ro ba-ggwŏ-ju-se-yo.	**Bitte schalten Sie (Ihr) Handy in den Flugzeugmodus.**
17	전자기기를 모두 꺼주세요. jŏn-ja-gi-gi rŭl mo-du ggŏ-ju-se-yo.	**Bitte schalten Sie alle (Ihre) elektronischen Geräte aus.**
18	휴대폰을 써도 되나요? hyu-dae-pon ŭl ssŏ-do doe-na-yo?	**Kann ich (mein) Handy benutzen?**
19	화장실에 가도 되나요? hwa-jang-shil e ga-do doe-na-yo?	**Kann ich auf die Toilette gehen?**
20	승무원의 안내에 따라주세요. sŭng-mu-wŏn ŭi an-nae-e tta-ra-ju-se-yo.	**Bitte folgen Sie den Anweisungen des Flugbegleiters.**
21	등받이를 세워주세요. dŭng-ba-ji rŭl se-wŏ-ju-se-yo.	**Bitte klappen Sie den Lehnstuhl hoch (= Sitz).**
22	창문을 올려주세요. chang-mun-ŭl ol-lyŏ-ju-se-yo.	**Bitte kurbeln Sie das Fenster hoch.**

23	기류가 불안정합니다. gi-ryu ga bul-an-jŏng-hap-ni-da.	**Der Luftstrom ist instabil. = Wir erleben Turbulenzen.**
24	자리로 돌아가주세요. ja-ri ro dol-a-ga-ju-se-yo.	**Bitte kehren Sie zu Ihrem Platz zurück.**
25	언제 출발하나요? ŏn-je chul-bal ha-na-yo?	**Wann reisen wir ab?**
26	언제 도착하나요? ŏn-je do-chak ha-na-yo?	**Wann kommen wir an?**
27	기내식은 언제 나오나요? gi-nae-shig ŭn ŏn-je na-o-na-yo?	**Wann werden die Bordmahlzeiten serviert?**
28	메뉴를 볼 수 있을까요? me-nyu rŭl bol su i-ssŭl-gga-yo?	**Darf ich die Speisekarte sehen?**
29	알러지가 있으신가요? al-lŏ-ji ga i-ssŭ-shin-ga-yo?	**Haben Sie Allergien?**
30	땅콩에 알러지가 있습니다. ttang-kong e al-lŏ-j i ga it-ssŭp-ni-da.	**Ich bin allergisch gegen Erdnüsse.**
31	식사를 드리겠습니다. shik-sa rŭl dŭ-ri-get-ssŭp-ni-da.	**Wir servieren Ihnen die Mahlzeiten.**
32	어느 것으로 하시겠습니까? ŏ-nŭ gŏ sŭ-ro ha-shi-get-ssŭm-ni-gga?	**Welches würden Sie gerne wählen?**
33	식사를 바꿔도 되나요? shik-sa rŭl ba-ggwŏ-do doe-na-yo?	**Kann ich mein Essen ändern?**
34	기내식이 나올때 깨워주세요. gi-nae-shig i na-ol-ttae ggae-wŏ-ju-se-yo.	**Bitte wecken Sie mich auf, wenn die (Bord-) Mahlzeiten serviert werden.**
35	머리가 아파요. mŏ-ri ga a-pa-yo.	**(Mein) Kopf schmerzt.**
36	두통이 심합니다. du-tong i shim-hap-ni-da.	**Ich habe starke Kopfschmerzen.**

37	토할 것 같아요. to-hal gŏt gat-a-yo.	**Ich denke, ich werde mich übergeben.**
38	멀미가 심하네요. mŏl-mi ga shim-ha-ne-yo.	**(Meine) Flugkrankheit ist schwer. = Ich werde sehr luftkrank.**
39	속이 좋지 않아요. sog i jot-chi a-na-yo.	**Mein Magen ist verärgert.**
40	진통제 있나요? jin-tong-je it-na-yo?	**Haben Sie ein Schmerzmittel?**
41	비행기안에 의사가 있나요? bi-haeng-gi an-e ŭi-sa ga it-na-yo?	**Ist ein Arzt im Flugzeug?**
42	충전이 가능한가요? chung-jŏn i ga-nŭng-han-ga-yo?	**Kann man (das Telefon) aufladen?**
43	팔걸이가 고장났어요. pal-gŏl-i ga go-jang-na-ssŏ-yo.	**Die Armlehne ist gebrochen.**
44	리모콘이 작동을 안해요. ri-mo-kon i jak-dong ŭl an-hae-yo.	**Die Fernbedienung funktioniert nicht.**
45	엔진에서 연기가 나요. en-jin e-sŏ yŏn-gi ga na-yo.	**Aus dem Motor tritt Rauch aus.**
46	비상사태입니다. bi-sang-sa-tae ip-ni-da.	**Es ist eine Notsituation.**
47	의자가 고장났어요. ŭi-ja ga go-jang-na-ssŏ-yo.	**Der Stuhl (= Sitz) ist kaputt.**
48	불이 안 켜져요. bul i an kyŏ-jyŏ-yo.	**Das Licht geht nicht an.**
49	티비를 어떻게 사용하죠? ti-bi rŭl ŏ-ttŏ-gge sa-yong-ha-jyo?	**Wie benutze ich den Fernseher?**
50	티비가 안나와요. ti-bi ga an-na-wa-yo.	**Fernseher funktioniert nicht.**

51 저 승객이 이상해요.
jŏ sŭng-gaeg i i-sang-hae-yo.
Dieser Passagier ist komisch/ seltsam.

52 많이 취한 것 같아요.
man-i chwi-han gŏt gat-a-yo.
(Er/ Sie) scheint sehr betrunken zu sein.

53 다른 자리로 옮겨도 될까요?
da-rŭn ja-ri ro om-gyŏ-do doel-gga-yo?
Kann ich zu einem anderen Sitz wechseln?

54 빨리 내려야 해요.
bbal-li nae-ryŏ-ya hae-yo.
Ich muss schnell aussteigen.

55 어디까지 가세요?
ŏ-di gga-ji ga-se-yo?
Wie weit gehen Sie? = Wo ist Ihr Endziel?

56 저도 거기에 갑니다.
jŏ do gŏ-gi e gap-ni-da.
Ich gehe auch dorthin.

57 여행 가시나요?
yŏ-haeng ga-shi-na-yo?
Gehen Sie auf eine Reise?

58 코를 골아서 죄송합니다.
ko rŭl gol-a-sŏ joe-song-hap-ni-da.
Entschuldigung für das Schnarchen.

59 안대 있나요?
an-dae it-na-yo?
Haben Sie einen Schlafbrille?

60 담요를 주세요.
dam-nyo rŭl ju-se-yo.
Bitte geben Sie mir eine Decke.

61 물 좀 주세요.
mul jom ju-se-yo.
Geben Sie mir bitte etwas Wasser.

62 심하게 흔들리네요.
shim-ha-ge hŭn-dŭl-li-ne-yo.
Es wackelt übermäßig.

63 면세품은 어디서 찾나요?
myŏn-se-pum ŭn ŏ-di-sŏ chat-na-yo?
Wo kann ich Duty-Free-Artikel abholen?

64 면세 한도가 어떻게 되나요?
myŏn-se han-do ga ŏ-ttŏ-ke doe-na-yo?
Wie hoch ist die Zollfreigrenze?

65	이것을 사고 싶어요. i-gŏ sŭl sa-go ship-ŏ-yo.	**Ich möchte das kaufen.**
66	여기 있습니다. yŏ-gi it-ssŭp-ni-da.	**Hier sind Sie.**
67	필요한게 있으면 알려주세요. pil-yo-han-ge i-ssŭ-myŏn al-lyŏ-ju-se-yo.	**Bitte lassen Sie mich wissen, ob Sie etwas benötigen.**
68	현지 시각은 몇시죠? hyŏn-ji shi-gag ŭn myŏ-sshi-jyo?	**Wie spät ist es jetzt?**
69	입국신고서를 작성해주세요. ip-guk-shin-go-sŏ rŭl jak-sŏng hae-ju-se-yo.	**Bitte füllen Sie die Ankunftskarte aus.**
70	세관 신고서를 작성 해주세요. se-gwan shin-go-sŏ rŭl jak-sŏng hae-ju-se-yo.	**Bitte füllen Sie das Formular für die Zollanmeldung aus.**

Kapitel 8. VISA & EINWANDERUNG

01	어떤 일로 오셨나요? ŏ-ttŏn il lo o-shŏt-na-yo?	**Wie ist die Art Ihres Geschäfts? = Was ist der Zweck Ihres Besuchs?**
02	비자를 갱신하려고요. bi-za rŭl gaeng-shin ha-ryŏ-go-yo.	**Ich möchte (mein) Visum erneuern lassen.**
03	비자가 만기되었어요. bi-za ga man-gi doe-ŏ-ssŏ-yo.	**(Mein/ Ihr) Visum ist abgelaufen.**
04	어떤 비자를 갖고 계시죠? ŏ-ttŏn bi-za rŭl gat-go gye-shi-jyo?	**Was für ein Visum haben Sie?**
05	관광/투자/학생 비자입니다. gwan-gwang/tu-ja/hak-saeng bi-za ip-ni-da.	**Es ist ein Touristen-/ Investoren-/ Studentenvisum.**
06	영주권자인가요? yŏng-ju-gwŏn-ja in-ga-yo?	**Sind Sie ein ständiger Bewohner?**
07	어느 나라 국적이시죠? ŏ-nŭ na-ra guk-jŏk i-shi-jyo?	**Was ist Ihre Nationalität?**
08	신청서를 작성해주세요. shin-chiŏng-sŏ rŭl jak-sŏng hae-ju-se-yo.	**Bitte füllen Sie den Antrag aus.**
09	서류가 부족합니다. sŏ-ryu-ga bu-jok-hap-ni-da.	**Dokumente sind nicht ausreichend. = Ihnen fehlen einige Dokumente**

10 서류가 빠진 것 같아요.
sŏ-ryu ga bba-jin gŏt gat-a-yo.
Es scheint, dass Dokumente fehlen.

11 신청서가 통과되지 못했습니다.
shin-chŏng-sŏ ga tong-gwa-doe-ji mot-haet-sŭp-ni-da.
(Ihre) Bewerbung ist nicht durchgegangen.

12 신청서가 통과되었습니다.
shin-chŏng-sŏ ga tong-gwa doe-ŏt-ssŭp-ni-da.
(Ihre) Bewerbung ist durchgegangen.

13 다시 작성해주세요.
da-shi jak-sŏng hae-ju-se-yo.
Bitte füllen Sie es erneut aus.

14 담당자가 자리에 없습니다.
dam-dang-ja ga ja-ri-e ŏp-sŭp-ni-da.
Die verantwortliche Person ist nicht hier.

15 어디 한번 볼까요?
ŏ-di han-bŏn bol-gga-yo?
Sollen wir einen Blick darauf werfen?

16 빠진게 없는지 확인해보세요.
bba-jin-ge ŏp-nŭn-ji hwag-in hae-bo-se-yo.
Bitte überprüfen Sie, ob etwas fehlt.

17 이렇게 작성하면 되나요?
i-rŏt-ke jak-sŏng ha-myŏn doe-na-yo?
Ist das in Ordnung, wenn ich so ausfülle?

18 어떻게 작성해야 하나요?
ŏ-ttŏ-ke jak-sŏng hae-ya ha-na-yo?
Wie soll ich es ausfüllen?

19 이 부분이 잘 이해가 안됩니다.
i bu-bun i jal i-hae ga an-doep-ni-da.
Ich verstehe diesen Teil nicht ganz.

20 필요한 서류는 무엇인가요?
pil-yo-han sŏ-ryu nŭn mu-ŏ-shin-ga-yo?
Was sind die notwendigen / erforderlicher Dokumente?

21 어느 부서로 가면 될까요?
ŏ-nŭ bu-sŏ ro ga-myŏn doel-gga-yo?
In welche Abteilung soll ich gehen?

22 오늘 중으로 처리 될까요?
o-nŭl jung-ŭ-ro chŏ-ri doel-gga-yo?
Wird es innerhalb von heute bearbeitet?

23	택배로 보내주세요. tek-bae-ro bo-nae-ju-se-yo.	**Bitte senden Sie es per Kurierdienst.**
24	자리에서 대기해 주세요. ja-ri-e-sŏ dae-gi hae ju-se-yo.	**Bitte warten Sie von Ihrem Platz.**
25	번호표를 뽑아주세요. bŏn-ho-pyo rŭl bbob-a ju-se-yo.	**Bitte nehmen Sie eine Nummernkarte.**
26	아직 차례가 아닙니다. a-jik cha-rye ga a-nip-ni-da.	**Sie sind noch nicht an der Reihe.**
27	온라인으로도 신청 가능합니다. on-la-in ŭ-ro do shin-chŏng ga-nŭng-hap-ni-da.	**Sie können es auch online einreichen.**
28	내일 다시 오세요. nae-il da-shi o-se-yo.	**Bitte kommen Sie morgen wieder.**
29	며칠 정도 걸릴까요? myŏ-chil jŏng-do gŏl-lil-gga-yo?	**Wie viele Tage würde es dauern?**
30	통역이 있나요? tong-yŏk i it-na-yo?	**Haben Sie einen Dolmetscher?**
31	공증을 받아야 합니다. gong-zŭng ŭl bad-a ya hap-ni-da.	**Sie müssen es notariell beglaubigen lassen.**
32	인터뷰를 해야합니다. in-tŏ-byu rŭl hae-ya-hap-ni-da.	**Sie müssen ein Interview führen.**
33	변호사가 동행해도 되나요? byŏn-ho-sa ga dong-haeng hae-do doe-na-yo?	**Kann ein Anwalt mich begleiten?**
34	귀화를 신청하고 싶습니다. gwi-hwa rŭl shin-chŏng ha-go-ship-ssŭp-ni-da.	**Ich möchte die Einbürgerung beantragen.**
35	귀화 절차는 어떻게 되나요? gwi-hwa jŏl-cha nŭn ŏ-ttŏ-ke doe-na-yo?	**Wie läuft die Einbürgerung ab?**
36	이중국적이 허용되나요? i-jung guk-jŏg i hŏ-yong-doe-na-yo?	**Ist die doppelte Staatsbürgerschaft erlaubt?**

37	여권이 만료되었어요. yŏ-ggwŏn i mal-lyo-doe-ŏt-ŏ-yo.	**(Mein/ Ihr) Reisepass ist abgelaufen.**
38	사진이 필요합니다. sa-jin i pil-yo-hap-ni-da.	**Sie brauchen ein Foto.**
39	수수료가 얼마죠? su-su-ryo ga ŏl-ma-jyo?	**Wie hoch ist die Gebühr?**
40	검색대를 통과해야 합니다. gŏm-saek-dae rŭl tong-gwa hae-ya hap-ni-da.	**Sie müssen den Scanner durchlaufen.**
41	소지품은 여기에 맡기세요. so-ji-pum ŭn yŏ-gi e mat-gi-se-yo.	**Bitte lassen Sie Ihre Sachen hier.**
42	나가실때 찾으세요. na-ga-shil-ttae cha-zŭ-se-yo.	**Nehmen Sie sie mit, wenn Sie gehen.**
43	함께 들어가도 되나요? ham-gge dŭl-ŏ-ga-do doe-na-yo?	**Kann ich zusammen reingehen?**
44	서류가 처리되었습니다. sŏ-ryu ga chŏ-ri doe-ŏt-ssŭp-ni-da.	**Dokumente wurden verarbeitet.**
45	승인/거절되었습니다. sŭng-in/gŏ-jŏl doe-ŏt-ssŭp-ni-da.	**Es wurde genehmigt / abgelehnt (= abgelehnt).**
46	한국에서 하시는 일이 뭐죠? han-guk e-sŏ ha-shi-nŭn il i mwŏ-jyo?	**Was ist Ihre Arbeit in Korea?**
47	어디에서 일하고 계시죠? ŏ-di e-sŏ il-ha-go gye-shi-jyo?	**Wo arbeiten Sie? = Wo arbeitest du?**
48	한국에 얼마나 머무실 예정인가요? han-gug e ŏl-ma-na mŏ-mu-shil ye-jŏng-in-ga-yo?	**Wie lange planen Sie in Korea zu bleiben**
49	면세한도를 초과한 물품이 있나요? myŏn-se-han-do-rŭl cho-gwa-han mul-pum i it-na-yo?	**Haben Sie Artikel, die über dem Zolllimit liegen?**
50	금지된 품목이 있나요? gŭm-ji-doen pum-mog i it-na-yo?	**Haben Sie verboten Gegenstände?**

51	한국 방문 목적이 어떻게 되시죠? han-gug bang-mun mok-jŏg i ŏ-ttŏ-ke doe-shi-jyo?	**Was ist der Zweck Ihres Korea-Besuchs?**
52	한국에서는 어디에 머무르시죠? han-guk e-sŏ nŭn ŏ-di-e mŏ mu-rŭ-shi-jyo?	**Wo wohnen Sie in Korea?**
53	관광 목적으로 왔습니다. gwan-gwang mok-jŏg ŭ-ro wat-ssŭp-ni-da.	**Ich bin zu Besichtigungszwecken gekommen.**
54	한국호텔에 머무릅니다. han-guk ho-tel e mŏ-mu-rŭp-ni-da.	**Ich wohne im Hanguk Hotel.**
55	짐은 이게 전부입니다. jim ŭn i-ge jŏn-bu ip-ni-da.	**Das ist alles (für mein) Gepäck.**
56	홍대에서 공부하고 있습니다. hong-dae e-sŏ gong-bu ha-go-it-ssŭp-ni-da.	**Ich studiere in Hongdae.**
57	약 6개월 머무를 예정입니다. yak yuk-gae-wŏl mŏ-mu-rŭl ye-jŏng-ip-ni-da.	**Ich habe vor, ungefähr 6 Monate zu bleiben.**
58	보증인의 편지입니다. bo-zŭng-in-ŭi pyŏn-ji ip-ni-da.	**(Dies) ist ein Brief (von meinem) Bürgen.**
59	2차 심사실로 가주세요. i-cha shim-sa-shil ro ga-ju-se-yo.	**Bitte gehen Sie in den sekundären Vorführraum.**
60	이제 다 되셨습니다. i-je da doe-shŏt-ssŭp-ni-da.	**Jetzt ist alles fertig.**
61	가보셔도 좋습니다. ga-bo-shŏ-do jot-ssŭp-ni-da.	**Sie können jetzt gehen. / Sie sind startklar.**
62	즐거운 여행 되세요. jŭl-gŏ-un yŏ-haeng doe-se-yo.	**Gute Reise.**

Kapitel 9. TAXI

01	택시! tek-shi!	**Taxi!**
02	반포까지 가주세요. banpo gga-ji ga-ju-se-yo.	**Bitte gehen Sie zu Banpo.**
03	반포에 가려고 하는데요. banpo e ga-ryŏ-go ha-nŭn-de-yo.	**Ich versuche nach Banpo zu gelangen.**
04	주소를 보여 드릴게요. ju-so rŭl bo-yŏ dŭ-ril-gge-yo.	**Lassen Sie mich die Adresse zeigen.**
05	이게 주소입니다. i-ge ju-so ip-ni-da.	**Dies ist die Adresse**
06	목적지가 어디죠? mok-jŏk-ji ga ŏ-di-jyo?	**Wo ist das Ziel?**
07	목적지는 여기입니다. mok-jŏk-ji nŭn yŏ-gi ip-ni-da.	**Hier (= Das) ist das Ziel.**
08	여기로 가주세요. yŏ-gi ro ga-ju-se-yo.	**Bitte geh hierher. = Bitte bring mich hierher.**
09	어디로 갈까요? ŏ-di ro gal-gga-yo?	**Wohin sollen wir gehen?**

10	빨리 가주세요. bbal-li ga-ju-se-yo.	**Bitte geh schnell. = Bitte beeil dich.**
11	빠른 길로 가주세요. bba-rŭn gil ro ga-ju-se-yo.	**Bitte nehmen Sie den schnellen Weg.**
12	지름길로 가주세요. ji-rŭm-gil ro ga-ju-se-yo.	**Bitte nehmen Sie die Abkürzung.**
13	여기 세워주세요. yŏ-gi se-wŏ-ju-se-yo.	**Bitte stoppen Sie hier. = Bitte hier anhalten.**
14	여기 내릴게요. yŏ-gi nae-ril-gge-yo.	**Ich werde hier aussteigen.**
15	수고하세요. su-go-ha-se-yo.	**(Lit) Machen Sie weiter so. = Danke schön.**
16	내비를 따라 가주세요. ne-bi rŭl tta-ra ga-ju-se-yo.	**Bitte folgen Sie der Navigation.**
17	돌아가는 것 같은데요. dol-a-ga-nŭn gŏt gat-ŭn-de-yo.	**Ich denke, wir fahren Aussenrum.**
18	이 길이 아닙니다. i gil i a-nip-ni-da.	**Es ist nicht dieser Weg.**
19	이쪽으로 가면 안돼요. i-jjog ŭ-ro ga-myŏn an-doe-yo.	**Sie sollten diesen Weg nicht fahren.**
20	카드로 계산할게요. ka-dŭ ro gye-san-hal-gge-yo.	**Ich bezahle mit einer Kreditkarte.**
21	현금이 없어요. hyŏn-gŭm i ŏp-ssŏ-yo.	**Ich habe kein Bargeld.**
22	요금이 너무 많이 나왔어요. yo-gŭm i nŏ-mu man-i na-wa-ssŏ-yo.	**Der Fahrpreis ist zu hoch. = Sie verlangen zuviel.**

23	경찰서로 갑시다. gyŏng-chal-sŏ ro gap-shi-da.	**Gehen wir zur Polizeistation.**
24	이건 아니죠. i-gŏn a-ni-jyo.	**Das ist nicht richtig.**
25	외국인이라고 바가지 씌우면 안돼요. oe-gug-in i-ra-go ba-ga-ji ssi-u-myŏn an-doe-yo.	**Du solltest mich nicht verarschen, weil ich ein Ausländer bin.**
26	직진 해주세요. jik-jin hae-ju-se-yo.	**Bitte fahren Sie geradeaus.**
27	계속 가주세요. gye-sok ga-ju-se-yo.	**Bitte fahren Sie weiter.**
28	좌회전/우회전 해주세요. jwa-hoe-jŏn/u-hoe-jŏn hae-ju-se-yo.	**Biegen Sie bitte links/ rechts ab.**
29	여기서/저기서 직진 해주세요. yŏ-gi-sŏ/jŏ-gi-sŏ jik-jin/u-hoe-jŏn hae-ju-se-yo.	**Fahren Sie bitte hier/ da geradeaus.**
30	이번/다음 신호등에서 유턴 해주세요. i-bŏn / da-ŭm shin-ho-dŭng e-sŏ yu-tŏn hae-ju-se-yo.	**Machen Sie bitte an dieser/ der nächsten Ampel eine Kehrtwende.**
31	이번/다음 골목으로 들어가 주세요. i-bŏn / da-ŭm gol-mog ŭ-ro dŭl-ŏ-ga ju-se-yo.	**Fahren Sie bitte in diese/ nächste Gasse.**
32	지나쳤어요. ji-na-chyŏ-ssŏ-yo.	**Sie haben es verpasst.**
33	너무 많이 왔어요. nŏ-mu man-i wa-ssŏ-yo.	**Sie sind zu weit gefahren.**
34	여기가 아닌데요. yŏ-gi ga a-nin-de-yo.	**Hier (= Dies) ist nicht (der Ort/ das Ziel)**
35	아까 거기로 돌아가 주세요. a-gga gŏ-gi ro dol-a-ga ju-se-yo.	**Bitte kehren Sie dorthin zurück, wo wir vorher waren.**
36	목적지가 바뀌었어요. mok-jŏk-ji ga ba-ggwi-ŏ-ssŏ-yo.	**Das Ziel wurde geändert.**

37	통역을 부탁합니다. tong-yŏg ŭl bu-tak-hap-ni-da.	**Ich hätte gerne einen Übersetzer.**
38	영수증을 주세요. yŏng-su-zŭng ŭl ju-se-yo.	**Bitte geben Sie mir die Quittung.**
39	신고 할거예요. shin-go hal-gŏ-ye-yo.	**Ich werde dich melden.**
40	트렁크 좀 열어주세요. tŭ-rŏng-kŭ jom yŏl-ŏ-ju-se-yo.	**Bitte öffne den Kofferraum für mich.**
41	트렁크에 짐 좀 넣을게요. tŭ-rŏn-kŭ e jim jom nŏ-ŭl-gge-yo.	**Ich werde etwas Gepäck in den Kofferraum legen.**
42	요금이 정해져 있나요? yo-gŭm i jŏng-hae-jyŏ it-na-yo?	**Ist der Tarif fest/ vorgegeben? = Ist es ein Pauschalpreis?**
43	미터기로 갑니다. mi-tŏ-gi ro gap-ni-da.	**Es wird vom Taxameter berechnet.**
44	열시 까지 도착할 수 있을까요? yŏl-shi gga-ji do-chak-hal su i-ssŭl-gga-yo?	**Können wir bis 10 Uhr ankommen?**
45	고속도로를 타주세요. go-sok-do-ro rŭl ta-ju-se-yo.	**Bitte nehmen Sie die Autobahn.**
46	추가 요금이 있습니다. chu-ga yo-gŭm i it-ssŭp-ni-da.	**Es wird eine zusätzliche Gebühr erhoben.**
47	창문 좀 열어주세요. chang-mun jom yŏl-ŏ-ju-se-yo.	**Bitte öffne das Fenster.**
48	창문 좀 닫아주세요. chang-mun jom dad-a-ju-se-yo.	**Bitte schließen Sie das Fenster.**
49	잔돈은 괜찮습니다. jan-don-ŭn goen-chan-sŭp-ni-da.	**Bitte bewahren Sie das Wechselgeld auf.**
50	여기 왼쪽/오른쪽. yŏ-gi oen-jjog/o-rŭn-jjog-i-yo.	**Links/ rechts hier.**

51	내릴게요. nae-ril-gge-yo.	**Ich steige aus.**
52	택시 좀 불러주세요. tek-shi jom bul-lŏ-ju-se-yo.	**Bitte rufen Sie ein Taxi für mich.**
53	이 주소로 가주세요. i ju-so ro ga-ju-se-yo.	**Bitte fahren Sie zu dieser Adresse.**
54	트렁크에 가방 좀 넣어주세요. tŭ-rŏn-kŭ e ga-bang jom nŏ-ŏ-ju-se-yo.	**Bitte legen Sie die Tasche in den Kofferraum.**
55	이태원까지는 얼마 나올까요? i-tae-wŏn gga-ji nŭn ŏl-ma na-ol-gga-yo?	**Wie viel würde es kosten, nach Itaewon zu kommen?**
56	좀 바쁩니다. jom ba-bbŭp-ni-da.	**Ich habe es eilig.**
57	택시는 어디에서 타나요? tek-shi-nŭn ŏ-di-e-sŏ ta-na-yo?	**Wo kann ich ein Taxi bekommen?**
58	택시 번호를 가지고 계세요? tek-shi bŏn-ho rŭl ga-ji-go gye-se-yo?	**Haben Sie die Taxi-Nummer?**
59	다 왔나요? da wat-na-yo?	**Sind wir angekommen?**
60	이태원으로 데리러 올 수 있나요? i-tae-wŏn ŭ-ro de-ri-rŏ ol su it-na-yo?	**Können Sie nach Itaewon kommen, um mich abzuholen?**
61	가는 중입니다. ga-nŭn jung-ip-ni-da.	**Ich bin auf dem Weg.**
62	여기서 기다려 주실 수 있나요? yŏ-gi-sŏ gi-da-ryŏ ju-shil su it-na-yo?	**Können Sie bitte hier auf mich warten?**
63	미터기가 작동하고 있나요? mi-tŏ-gi ga jak-dong ha-go it-na-yo?	**Funktioniert der Taxameter?**
64	미터기를 켜 주세요. mi-tŏ-gi rŭl kyŏ ju-se-yo.	**Bitte schalten Sie den Taxameter ein.**

65	천천히 말해주세요. chŏn-chŏn hi mal-hae-ju-se-yo.	**Bitte sprechen Sie langsam.**
66	백화점에서 내려주세요. bae-kwa-jŏ-m-e-sŏ nae-ryŏ-ju-se-yo.	**Bitte bringen Sie mich zum Kaufhaus.**
67	천천히 가주세요. chŏn-chŏn-hi ga-ju-se-yo.	**Bitte fahren Sie langsam.**
68	에어컨을 켜주세요/꺼주세요. e-ŏ-kŏn ŭl kyŏ-ju-se-yo/ggŏ-ju-se-yo.	**Bitte schalten Sie die Klimaanlage ein/ aus.**
69	방향을 저쪽으로 바꿔주세요. bang-hyang ŭl jŏ-jjog ŭ-ro ba-ggwŏ-ju-se-yo.	**Bitte ändern Sie die Richtung zu diesem Weg.**
70	편의점에 들렀다가 갈게요. pyŏn-ŭi-jŏm e dŭl-lŏt-da-ga gal-gge-yo.	**Ich muss beim Supermarkt anhalten.**
71	가다가 일행을 태우고 가야합니다. ga-da-ga il-haeng ŭl tae-u-go ga-ya-hap-ni-da.	**Ich muss unterwegs einen Gefährten abholen.**

Kapitel 10. U-BAHN / METRO

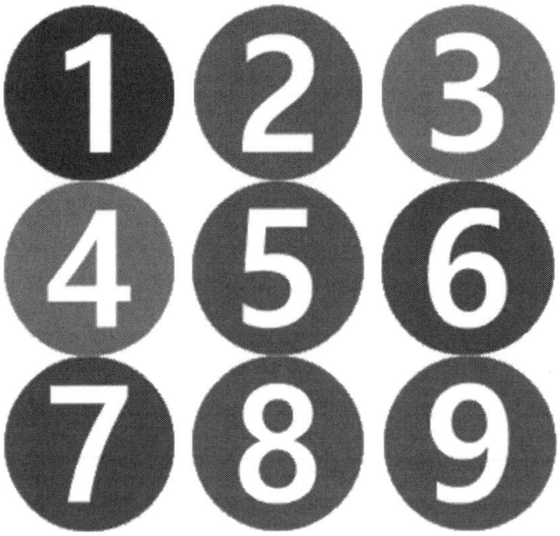

01 지하철역이 어디죠?
ji-ha-chŏl yŏg i ŏ-di-jyo?
Wo ist die U-Bahnstation?

02 지하철 노선도가 있나요?
ji-ha-chŏl no-sŏn-do ga it-na-yo?
Haben Sie eine U-Bahn-Linienkarte?

03 지하철 노선을 잘 몰라요.
ji-ha-chŏl no-sŏn ŭl jal mol-la-yo.
Ich bin mit den U-Bahnlinien nicht sehr vertraut.

04 인천까지 가려면 몇호선을 타야 하나요?
in-chŏn gga-ji ga-ryŏ-myŏn myŏt ho-sŏn ŭl ta-ya ha-na-yo?
Mit welcher Nummer soll ich nach Incheon fahren?

05 1호선을 타세요.
il ho-sŏn ŭl ta-se-yo.
Nehmen Sie die Linie 1.

06 어느 역에서 내려야 하나요?
ŏ-nŭ yŏg e-sŏ nae-ri-myŏn doe-na-yo?
Von welcher Station soll ich aussteigen?

07 제가 맞게 탔나요?
je ga mat-ge tat-na-yo?
Bin ich im richtigen Zug?

08 개찰구는 어디인가요?
gae-chal-gu nŭn ŏ-di-in-ga-yo?
Wo ist das Ticket Gate/ Drehkreuz?

09 어떻게 계산하나요?
ŏ-ttŏ-ke gye-san ha-na-yo?
Wie kann ich bezahlen?

10	지하철표는 어디서 사나요? ji-ha-chŏl-pyo nŭn ŏ-di-sŏ sa-na-yo?	**Wo kaufe ich die U-Bahn-Fahrkarte?**
11	잘못 탄 것 같아요. jal-mot tan gŏt gat-a-yo.	**Ich glaube, ich bin in den falschen Zug eingestiegen.**
12	반대 방향으로 가는 것 같아요. ban-dae bang-hyang ŭ-ro ga-nŭn gŏt gat-a-yo.	**Ich denke, es geht in die entgegengesetzte Richtung.**
13	어느 쪽으로 내리나요? ŏ-nŭ jjog ŭ-ro nae-ri-na-yo?	**In welche Richtung steige ich aus?**
14	출구가 어디죠? chul-gu ga ŏ-di-jyo?	**Wo ist der Ausgang?**
15	몇 번 출구로 나가야 하나요? myŏt bŏn chul-gu-ro na-ga-ya ha-na-yo?	**Welche Haltestelle soll ich aussteigen?**
16	몇 정거장 가야 하나요? myŏt jŏng-gŏ-jang ga-ya ha-na-yo?	**Wie viele Stationen (= Haltestellen) muss ich fahren?**
17	이 방향이 맞나요? i bang-hyang i mat-na-yo?	**Ist diese Richtung richtig? = Ist das die richtige Richtung?**
18	어디서 내리세요? ŏ-di-sŏ nae-ri-se-yo?	**Wo steigen Sie aus?**
19	어디서 내려야 하나요? ŏ-di-sŏ nae-ryŏ-ya ha-na-yo?	**Wo soll ich aussteigen?**
20	여기서 내리면 되나요? yŏ-gi-sŏ nae-ri-myŏn doe-na-yo?	**Kann ich hier aussteigen? = Ist das meine Haltestelle?**
21	이번/다음 역에서 내리세요. i-bŏn/da-ŭm yŏg e-sŏ nae-ri-se-yo.	**Steigen Sie an dieser / der nächsten Station aus.**
22	환승해야합니다. hwan-sŭng hae-ya-hap-ni-da.	**Sie müssen eine Überweisung vornehmen.**

23	환승 하려면 어디로 가나요? hwan-sŭng ha-ryŏ-myŏn ŏ-di-ro ga-na-yo?	**Wohin gehe ich, um eine Überweisung vorzunehmen?**
24	5호선으로 환승 해야 합니다. o ho-sŏn ŭ-ro hwan-sŭng hae-ya hap-ni-da.	**Sie müssen eine Überweisung in Linie 5 vornehmen.**
25	지하철 카드는 어디에서 사나요? ji-ha-chŏl ka-dŭ nŭn ŏ-di-e-sŏ sa-na-yo?	**Wo kaufe ich die U-Bahn-Karte?**
26	여기서 타면 되나요? yŏ-gi-sŏ ta-myŏn doe-na-yo?	**Soll ich (mit dem Zug) hierher fahren?**
27	줄 서세요. jul sŏ-se-yo.	**Bitte stell dich an.**
28	새치기 하지 마세요. sae-chi-gi ha-ji ma-se-yo.	**Bitte nicht vordrängeln.**
29	발을 밟아서 죄송합니다. bal ŭl bal-ba-sŏ joe-song-hap-ni-da.	**Es tut mir leid, dass ich auf Ihren Fuß getreten bin.**
30	발을 밟지 마세요. bal-ŭl bal-jji ma-se-yo.	**Bitte treten Sie nicht auf (meinen) Fuß.**
31	자리 좀 만들어 주세요. ja-ri jom man-dŭl-ŏ ju-se-yo.	**Machen Sie bitte etwas Platz.**
32	다리를 너무 벌리지 마세요. da-ri rŭl nŏ-mu bŏl-li-ji ma-se-yo.	**Spreizen Sie ihre Beine nicht zu sehr.**
33	여성 전용 칸 입니다. yŏ-sŏng jŏn-yong kan ip-ni-da.	**Es ist ein "nur für Frauen" Abteil.**
34	노약자석입니다. no-yak-ja sŏg ip-ni-da.	**Es ist ein Platz für Alte und Behinderte.**
35	여기 앉으세요. yŏ-gi an-zŭ-se-yo.	**Bitte hier sitzen.**
36	저는 서서 가도 됩니다. jŏ nŭn sŏ-sŏ ga-do doep-ni-da.	**Es macht mir nichts aus zu stehen.**

37	양보해 주셔서 감사합니다. yang-bo hae ju-shŏ-sŏ gam-sa-hap-ni-da.	**Danke fürs Anbieten/ Aufgeben.**
38	물론이죠. mul-lo-ni-jyo.	**Natürlich.**
39	다리가 많이 아파요. da-ri ga man-i a-pa-yo.	**Meine Beine tun sehr weh.**
40	손잡이를 잡으세요. son-jab-i rŭl jab-ŭ-se-yo.	**Greifen Sie den Griff.**
41	카드 좀 충전 해주세요. ka-dŭ jom chung-jŏn hae-ju-se-yo.	**Bitte lade meine Karte auf.**
42	카드 충전 되나요? ka-dŭ chung-jŏn doe-na-yo?	**Kann ich meine Karte aufladen?**
43	어디서 갈아타야 하나요? ŏ-di-sŏ gal-a-ta-ya ha-na-yo?	**Wo kann ich überweisen?**
44	시청에서 갈아타세요. shi-chŏng e-sŏ gal-a-ta-se-yo.	**Machen Sie einen Transfer im Rathaus.**
45	매표소가 어디죠? mae-pyo-so ga ŏ-di-jyo?	**Wo ist die Kasse?**
46	공항까지 가는데 얼마죠? gong-hang gga-ji ga-nŭn-de ŏl-ma-jyo?	**Wie viel kostet es, zum Flughafen zu gelangen?**
47	몇시가 막차인가요? myŏ-sshi ga mak-cha in-ga-yo?	**Wann fährt der letzte Zug?**
48	반대 방향으로 건널 수 있나요? ban-dae bang-hyang ŭ-ro gŏn-nŏl su it-na-yo?	**Kann ich auf die gegenüberliegende Seite wechseln?**
49	얼마나 충전 해 드릴까요? ŏl-ma-na chung-jŏn hae dŭ-ril-gga-yo?	**Wie viel möchten Sie aufladen?**
50	만원 어치 충전 해주세요. ma-nwŏn ŏ-chi chung-jŏn hae-ju-se-yo.	**Laden Sie bitte 10.000 Won auf.**

51	이번/다음 역은 여의도역 입니다. i-bŏn / da-ŭm yŏg ŭn yŏ-ŭi-do yŏg ip-ni-da.	**Diese/ Nächste Station ist Yeouido Station.**
52	열차가 들어오고 있습니다. yŏl-cha ga dŭl-ŏ-o-go it-ssŭp-ni-da.	**Der Zug nähert sich.**
53	여기서 가장 가까운 역은 어디죠? yŏ-gi-sŏ ga-jang ga-gga-un yŏg ŭn ŏ-di-jyo?	**Wo ist der nächste Bahnhof von hier?**
54	이 근처에 지하철역이 있나요? i gŭn-chŏ e ji-ha-chŏl yŏg i it-na-yo?	**Gibt es hier in der Nähe eine U-Bahnstation?**
55	학생/노인 요금은 얼마죠? hak-saeng/no-in yo-gŭm ŭn ŏl-ma-jyo?	**Wie viel kostet ein Student/ Senior?**
56	갈아 타야 하나요? gal-a ta-ya ha-na-yo?	**Muss ich = eine Überweisung machen?**
57	일회용/하루용/일주일용 카드가 있나요? il-hoe-yong/ha-ru-yong/il-ju-il-lyong ka-dŭ ga it-na-yo?	**Haben Sie eine einmalige/ tägliche/ wöchentliche Karte?**
58	다음 열차는 몇시에 도착하나요? da-ŭm yŏl-cha nŭn myŏ-sshi e do-chak-ha-na-yo?	**Wann kommt der nächste Zug an?**
59	급행 열차입니다. gŭp-haeng yŏl-cha ip-ni-da.	**Es ist ein Expresszug.**
60	이 열차는 역마다 정차하나요? i yŏl-cha nŭn yŏg-ma-da jŏng-cha-ha-na-yo?	**Hält dieser Zug an jedem Bahnhof?**
61	김포까지 멈추지 않고 갑니다. gim-po gga-ji mŏm-chu-ji an-ko gap-ni-da.	**Es geht zu Gimpo, ohne anzuhalten**
62	열차가 왜 이렇게 늦죠? yŏl-cha ga oe i-rŏt-ke nŭt-jyo?	**Warum ist der Zug so spät?**
63	열차가 곧 출발합니다. yŏl-cha ga got chul-bal hap-ni-da.	**Der Zug fährt bald ab.**

64 이번 역에서 10분간 정차합니다.
i-bŏn yŏg e-sŏ ship-bun-gan jŏng-cha-hap-ni-da.

Wir werden an dieser Station für 10 Minuten anhalten.

65 분실물 센터는 어디인가요?
bun-shil-mul sen-tŏ nŭn ŏ-di-in-ga-yo?

Wo ist das Fundzentrum?

66 역무원을 불러주세요.
yŏg-mu-wŏn ŭl bul-lŏ-ju-se-yo.

Bitte rufen Sie ein Stationspersonal für mich an.

67 역무원은 어디 있나요?
yŏg-mu-wŏn ŭn ŏ-di it-na-yo?

Wo ist ein Stationspersonal?

Kapitel 11. AM HOTEL

01	로비는 어디죠? lo-bi nŭn ŏ-di-jyo?	**Wo ist die Lobby?**
02	프론트 데스크는 어디인가요? pŭ-ron-tŭ de-sŭ-kŭ nŭn ŏ-di-n-ga-yo?	**Wo ist die Rezeption?**
03	체크인은 어디에서 하나요? he-kŭ-in ŭn ŏ-di e-sŏ ha-na-yo?	**Wo checke ich ein?**
04	짐을 들어드릴까요? jim-ŭl dŭl-ŏ-dŭ-ril-gga-yo?	**Benötigen Sie Hilfe mit Ihrem Gepäck?**
05	트렁크에서 짐을 내려주세요. tŭ-rŏn-kŭ e-sŏ jim ŭl nae-ryŏ-ju-se-yo.	**Bitte entladen Sie die Taschen aus dem Kofferraum.**
06	주차는 어디에 하나요? ju-cha nŭn ŏ-di e ha-na-yo?	**Wo parke ich?**
07	발렛 파킹을 하고 싶은데요. bal-let-pa-king ŭl ha-go ship-ŭn-de-yo.	**Ich möchte den Parkservice nutzen.**
08	투숙객 입니다. tu-suk-gaek ip-ni-da.	**Ich bin ein bleibender Gast.**
09	체크인을 하려고 합니다. che-kŭ-in-ŭl ha-ryŏ-go hap-ni-da.	**Ich möchte einchecken.**

10	예약을 했어요. ye-yag ŭl hae-ssŏ-yo.	**Ich habe reserviert.**
11	예약 번호를 알려주시겠어요? ye-yak bŏn-ho rŭl al-lyŏ-ju-shi-get-ssŏ-yo?	**Können Sie mir die Reservierungsnummer mitteilen?**
12	예약 번호는 12345입니다. ye-yak bŏn-ho nŭn il-i-sam-sa-o ip-ni-da.	**Die Reservierungsnummer lautet 12345.**
13	예약 번호가 생각이 안나네요. ye-yak bŏn-ho ga saeng-gag i an-na-ne-yo.	**Ich kann mich nicht an die Reservierungsnummer erinnern.**
14	대신, 이름을 알려드려도될까요? dae-shin, i-rŭm ŭl al-lyŏ-dŭ-ryŏ-do doel-gga-yo?	**Kann ich dir stattdessen den Namen sagen?**
15	여권을 보여주세요. yŏ-ggwon ŭl bo-yŏ-ju-se-yo.	**Bitte zeigen Sie mir den Reisepass.**
16	신용카드가 필요합니다. shin-yong-ka-dŭ ga pil-yo-hap-ni-da.	**Ich brauche deine Kreditkarte.**
17	예치금을 내야 합니다. ye-chi-gŭm ŭl nae-ya hap-ni-da.	**Sie müssen eine Anzahlung leisten.**
18	현금으로 계산할게요. hyŏn-gŭm ŭ-ro gye-san hal-gge-yo.	**Ich bezahle bar.**
19	체크아웃 할 때 신용카드로 낼게요. che-kŭ-a-ut hal ttae shin-yong-ka-dŭ ro nael-gge-yo.	**Ich bezahle beim Auschecken mit einer Kreditkarte.**
20	짐이 많아요. jim i man-a-yo.	**Ich habe viel Gepäck.**
21	예약이 확인되지 않습니다. ye-yag i hwag-in doe-ji an-sŭp-ni-da.	**Ich kann die Reservierung nicht finden.**
22	예약이 없나요? ye-yag i ŏp-na-yo?	**Sie haben keine Reservierung?**

23	다른 이름으로 찾아봐주세요. da-rŭn i-rŭm ŭ-ro cha-ja-bwa-ju-se-yo.	**Könnten Sie es bitte mit einem anderen Namen nachschlagen?**
24	어느 날짜로 예약하셨죠? ŏ-nŭ nal-jja ro ye-yak ha-shŏt-jyo?	**Für welchen Termin haben Sie reserviert?**
25	여행사를 통해서 예약하셨나요? yŏ-haeng-sa rŭl tong-hae-sŏ ye-yak ha-shŏt-na-yo?	**Haben Sie über ein Reisebüro gebucht?**
26	예약하신 신용카드를 주세요. ye-yak-ha-shin shin-yong-ka-dŭ rŭl ju-se-yo.	**Bitte geben Sie mir die Kreditkarte, mit der Si die Reservierung vorgenommen haben.**
27	인터넷으로 예약하셨나요? in-tŏ-ne sŭ-ro ye-yak ha-shŏt-na-yo?	**Haben Sie die Reservierung über das Internet vorgenommen?**
28	멤버쉽이 있으신가요? mem-bŏ-shib i i-ssŭ-shin-ga-yo?	**Haben Sie eine Mitgliedschaft?**
29	멤버쉽 카드 여기 있습니다. mem-bŏ-ship ka-dŭ yŏ-gi it-ssŭp-ni-da.	**Hier ist die Mitgliedskarte.**
30	업그레이드 가능한가요? ŏp-gŭ-re-i-dŭ ga-nŭng-han-ga-yo?	**Ist ein Upgrade möglich?**
31	오늘은 만실입니다. o-nŭl ŭn man-shil ip-ni-da.	**Wir sind heute ausgebucht.**
32	업그레이드 가능합니다. ŏp-gŭ-re-i-dŭ ga-nŭng-hap-ni-da.	**Upgrade ist möglich.**
33	체크아웃은 몇시인가요? che-kŭ-a-u sŭn myŏ-sshi in-ga-yo?	**Um wie viel Uhr ist Check-out?**
34	조금 늦게 체크아웃 해도 되나요? jo-gŭm nŭt-ge che-kŭ-a-ut hae-do doe-na-yo?	**Kann ich etwas spät auschecken?**
35	몇시까지 체크아웃 할 수 있나요? myŏ-sshi gga-ji che-kŭ-a-ut hal su it-na-yo?	**Wann kann ich spätestens auschecken?**

36 두명이 투숙합니다.
du-myŏng i tu-suk-hap-ni-da.
2 Personen werden bleiben.

37 한명 더 투숙합니다.
han-myŏng dŏ tu-suk-hap-ni-da.
1 weitere Person wird bleiben.

38 추가 요금이 있나요?
chu-ga yo-gŭm i it-na-yo?
Gibt es eine zusätzliche Gebühr?

39 추가 요금이 있습니다.
chu-ga yo-gŭm i it-ssŭp-ni-da.
Es wird eine zusätzliche Gebühr erhoben.

40 엘레베이터는 어디인가요?
el-le-be-i-tŏ nŭn ŏ-di-in-ga-yo?
Wo ist der Aufzug?

41 방까지 어떻게 가죠?
bang gga-ji ŏ-ttŏ-ke ga-jyo?
Wie komme ich in den Raum?

42 짐을 먼저 방에 넣어 주세요.
jim ŭl mŏn-jŏ bang e nŏ-ŏ ju-se-yo.
Bitte stellen Sie das Gepäck zuerst in den Raum.

43 팁은 받지 않습니다.
tib ŭn bat-ji an-ssŭp-ni-da.
Wir akzeptieren keine Trinkgelder.

44 예약을 하고 싶습니다.
ye-yag ŭl ha-go ship-sŭp-ni-da.
Ich möchte eine Reservierung vornehmen.

45 싱글/더블 베드로 주세요.
sing-gŭl/dŏ-bŭl be-dŭ ro hae ju-se-yo.
Geben Sie mir bitte ein Einzel-/ Doppelbett.

46 아이가 있습니다.
a-i ga it-ssŭp-ni-da.
Ich habe ein Kind.

47 몇 명이세요?
myŏt myŏng i-se-yo?
Wie viele Leute sind es?

48 한명/두명/세명 입니다.
han-myŏng/du-myŏng/se-myŏng ip-ni-da.
Es ist 1/2/3 Person/ Leute.

49 연결된 방이 있나요?
yŏn-gyŏl-doen bang i it-na-yo?
Haben Sie Verbindungszimmer?

50	뷰가 좋은 방을 부탁드립니다. byu ga jo-ŭn bang ŭl bu-tak-dŭ-rip-ni-da.	**Bitte geben Sie mir ein Zimmer mit schöner Aussicht.**
51	주차장은 어디죠? ju-cha-jang ŭn ŏ-di-jyo?	**Wo ist der Parkplatz?**
52	얼마나 머무실 예정이세요? ŏl-ma-na mŏ-mu-shil ye-jŏng-i-se-yo?	**Wie lange wollen Sie bleiben?**
53	2박 3일이요. i-bak sam-il i-yo.	**3 Tage und 2 Nächte.**
54	예치금이 얼마죠? ye-chi-gŭm i ŏl-ma-jyo?	**Wie hoch ist die Kaution?**
55	어떻게 결제하시겠어요? ŏ-ttŏ-ke gyŏl-je ha-shi-get-ssŏ-yo?	**Wie möchten Sie eine Zahlung leisten?**
56	체크인은 몇시죠? che-kŭ-in ŭn myŏ-sshi-jyo?	**Wann ist Check-in?**
57	방이 아직 준비되지 않았습니다. bang i a-jik jun-bi doe-ji an-a-ssŭp-ni-da.	**Der Raum ist noch nicht fertig.**
58	방이 준비되면 연락주세요. bang i jun-bi doe-myŏn yŏl-lak-ju-se-yo.	**Bitte rufen Sie mich, wenn das Zimmer fertig ist.**
59	방이 준비되었습니다. bang i jun-bi doe-ŏ-ssŭp-ni-da.	**Der Raum ist fertig.**
60	여기 룸키입니다. yŏ-gi rum-ki ip-ni-da.	**Hier ist der Zimmerschlüssel.**
61	룸키 하나 더 주세요. rum-ki ha-na dŏ ju-se-yo.	**Geben Sie mir noch einen Zimmerschlüssel.**
62	방 번호는 100 입니다. bang bŏn-ho nŭn baek ip-ni-da.	**Die Zimmernummer ist 100.**
63	제 방은 몇 층인가요? je bang ŭn myŏt chŭng in-ga-yo?	**Auf welcher Etage befindet sich mein Zimme**

64	방까지 안내 해주세요. bang gga-ji an-nae hae-ju-se-yo.	**Bitte führen Sie mich in das Zimmer.**
65	짐을 여기에 맡겨도 되나요? jim-ŭl yŏ-gi e mat-gyŏ-do doe-na-yo?	**Darf ich das Gepäck hier lassen?**
66	성이 어떻게 되시죠? sŏng i ŏ-ttŏ-ke doe-shi-jyo?	**Wie lautet der Nachname?**
67	성함 스펠링을 알려주세요. sŏng-ham sŭ-pel-ling ŭl al-lyŏ-ju-se-yo.	**Könnten Sie mir die Schreibweise des Namens sagen?**
68	체크아웃 하겠습니다. che-kŭ-a-ut ha-get-ssŭp-ni-da.	**Ich werde auschecken.**
69	불편한 건 없으셨나요? bul-pyŏn-han gŏn ŏp-ssŭ-shŏt-na-yo?	**War alles in Ordnung mit deinem Aufenthalt?**
70	편안한 숙박 되셨나요? pyŏn-an-han suk-bak doe-shŏt-na-yo?	**War bei Ihrem Aufenthalt alles in Ordnung?**
71	방에 지갑을/여권을 놓고 왔어요. bang e ji-gab ŭl/yŏ-ggwŏn ŭl no-ko wa-ssŏ-yo.	**Ich habe die Brieftasche/ den Reisepass im Zimmer gelassen.**
72	룸서비스 입니다. rum-sŏ-bi-sŭ ip-ni-da.	**Es ist Zimmerservice.**
73	식사를 주문하고 싶은데요. shik-sa rŭl ju-mun ha-go ship-ŭn-de-yo.	**Ich möchte ein Essen bestellen.**
74	몇시까지 주문 가능한가요? myŏ-sshi gga-ji ju-mun ga-nŭng-han-ga-yo?	**Bis wann kann ich spätestens bestellen?**
75	룸 차지로 해주세요. rum cha-ji ro hae-ju-se-yo.	**Rechnen Sie es bitte auf mein Zimmer.**
76	서명 부탁드립니다. sŏ-myŏng bu-tak-dŭ-rip-ni-da.	**Darf ich bitte Ihre Unterschrift bekommen?**
77	얼음을 더 갖다주세요. ŏl-ŭm ŭl dŏ gat-da-ju-se-yo.	**Bringen Sie mir bitte mehr Eis.**

78	얼음은 어디에 있나요? ŏl-ŭm ŭn ŏ-di e it-na-yo?	**Wo ist das Eis?**
79	부엌이 있나요? bu-ŏk i it-na-yo?	**Gibt es eine Küche?**
80	취사해도 되나요? chwi-sa hae-do doe-na-yo?	**Darf ich kochen?**
81	지배인을 불러주세요. ji-bae-in ŭl bul-lŏ-ju-se-yo.	**Bringen Sie mir bitte den Manager.**
82	시트를 교체해 주세요. shi-tŭ rŭl gyo-che hae ju-se-yo.	**Bitte wechseln Sie die Laken.**
83	방 청소를 해 주세요. bang chŏng-so rŭl hae-ju-se-yo.	**Bitte machen Sie das Zimmer sauber.**
84	청소가 안 되어 있어요. chŏng-so ga an doe-ŏ i-ssŏ-yo.	**Es wurde nicht gereinigt/ gemacht.**
85	예약을 안 했는데, 방 있나요? ye-yag ŭl an haet-nŭn-de, bang it-na-yo?	**Ich habe keine Reservierung gemacht, aber haben Sie ein Zimmer?**
86	더 저렴한 방은 없나요? dŏ jŏ-ryŏm-han bang ŭn ŏp-na-yo?	**Haben Sie kein günstigeres Zimmer?**
87	방을 볼 수 있나요? bang ŭl bol su it-na-yo?	**Darf ich den Raum sehen?**
88	조식이 포함되어 있나요? jo-shig i po-ham doe-ŏ it-na-yo?	**Ist das Frühstück inbegriffen?**
89	에어컨이 고장 났습니다. e-ŏ-kŏn i go-jang na-ssŭp-ni-da.	**Klimaanlage funktioniert nicht.**
90	베개가 없습니다. be-gae ga ŏp-ssŭp-ni-da.	**Es gibt kein Kissen.**
91	더운 물이 안 나와요. dŏ-un mul i an na-wa-yo.	**Es gibt kein heißes Wasser.**

92 7시에 깨워주세요.
il-gop shi e ggae-wŏ-ju-se-yo.
Bitte wecken SIe mich um 7 Uhr auf.

93 짐을 잠시 보관 해주세요.
jim ŭl jam-shi bo-gwan hae-ju-se-yo.
Bitte halten Sie das Gepäck für eine Weile.

94 룸키를 잃어버렸어요.
rum-ki rŭl il-ŏ-bŏ-ryŏ-ssŏ-yo.
Ich habe den Zimmerschlüssel verloren.

95 시내 지도 있나요?
shi-nae ji-do it-na-yo?
Haben Sie eine Karte der Stadt?

96 하루 더 있겠습니다.
ha-ru dŏ it-get-ssŭp-ni-da.
Ich möchte noch einen Tag hier bleiben.

97 하루 더 묵을 수 있나요?
ha-ru dŏ mug-ŭl su it-na-yo?
Kann ich noch einen Tag bleiben?

98 택시를 불러 주세요.
tek-shi rŭl bul-lŏ ju-se-yo.
Bitte rufen Sie ein Taxi für mich.

Kapitel 12. RICHTUNGEN

01	길을 잃었어요. gil ŭl il-ŏ-ssŏ-yo.	Ich habe die Richtung verloren. = Ich habe mich verlaufen.
02	길을 잃은 것 같아요. gil ŭl il-ŭn gŏt gat-a-yo.	Ich glaube, ich habe die Richtung verloren. = Ich glaube, ich habe mich verlaufen.
03	여기가 어디죠? yŏ-gi ga ŏ-di-jyo?	Wo bin ich?
04	제가 지금 어디에 있죠? je ga ji-gŭm ŏ-di e it-jyo?	Wo bin ich jetzt?
05	실례합니다. 길 좀 여쭤볼게요. shil-lye-hap-ni-da. gil jom yŏ-jjwŏ-bol-gge-yo.	Verzeihung, kann ich Sie nach dem Weg frage
06	길 좀 알려주시겠어요? gil jom al-lyŏ-ju-shi-get-ssŏ-yo?	Könnten Sie mir bitte den Weg sagen?
07	홍대까지 어떻게 가나요? hong-dae gga-ji ŏ-ttŏ-ke ga-na-yo?	Wie komme ich nach Hongdae?
08	거리 이름이 뭐죠? gŏ-ri i-rŭm i mwŏ-jyo?	Wie heißt die Straße?
09	이/저 빌딩 이름이 뭐죠? i / jŏ bil-ding i-rŭm i mwŏ-jyo?	Wie heißt dieses/ jenes Gebäude?

10	걸어서 갈 수 있나요? gŏl-ŏ-sŏ gal su it-na-yo?	**Kann ich zu Fuß gehen? = Ist es zu Fuß erreichbar?**
11	걸어서 얼마나 걸릴까요? gŏl-ŏ-sŏ ŏl-ma-na gŏl-lil-gga-yo?	**Wie lange würde das Gehen dauern?**
12	20분/한시간 정도 걸립니다. i-ship bun/han shi-gan jŏng-do gŏl-lip-ni-da.	**Es dauert ungefähr 20 Minuten / 1 Stunde (n).**
13	걸어서 가기에는 너무 멀어요. gŏl-ŏ-sŏ ga-gi-e nŭn nŏ-mu mŏl-ŏ-yo.	**Es ist zu weit, um dorthin zu gehen.**
14	가까운 거리예요. ga-gga-un gŏ-ri ye-yo.	**Es ist eine kurze/ nahe Entfernung.**
15	아주 가까워요/멀어요. a-ju ga-gga-wŏ-yo / mŏl-ŏ-yo.	**Es ist sehr nah/ fern.**
16	직진하세요. jik-jin ha-se-yo.	**Gehen Sie geradeaus.**
17	이쪽으로 쭉 가세요. i jjok ŭ-ro jjuk ga-se-yo.	**Folgen Sie den Weg weiter.**
18	이 방향으로 계속 가세요. i bang-hyang ŭ-ro gye-sok ga-se-yo.	**Gehen Sie in diese Richtung fort.**
19	이쪽으로/저쪽으로 가야 하나요? i jjog ŭ-ro / jŏ jjog ŭ-ro ga-ya ha-na-yo?	**Soll ich diesen/ jenen Weg gehen?**
20	세블럭 후 왼쪽/오른쪽입니다. se-bŭl-lŏk hu oen-jjog/o-rŭn-jjog ip-ni-da.	**Nach 3 Blöcken befindet es sich links/ rechts.**
21	지하철 말고 다른 방법은 없나요? ji-ha-chŏl mal-go da-rŭn bang-bŏb ŭn ŏp-na-yo?	**Gibt es keinen anderen Weg als die U-Bahn?**
22	근처에 화장실이 있나요? gŭn-chŏ-e hwa-jang-shil i it-na-yo?	**Gibt es eine Toilette in der Nähe?**

23	홍대가는 법 좀 알려주세요. hong-dae ga-nŭn bŏp jom al-lyŏ-ju-se-yo.	**Bitte sagen Sie mir, wie ich nach Hongdae komme.**
24	홍대까지 가는 길을 알고 싶어요. hong-dae gga-ji ga-nŭn gil ŭl al-go ship-ŏ-yo.	**Ich möchte wissen, wie ich nach Hongdae komme.**
25	왼쪽으로/오른쪽으로 가세요. oen-jjog ŭ-ro/o-rŭn-jjog ŭ-ro ga-se-yo.	**Gehe nach links/ rechts.**
26	이쪽입니다/저쪽입니다. i jjog ip-ni-da / jŏ jjog ip-ni-da.	**Es ist dieser Weg/ der Weg.**
27	바로 근처예요. ba-ro gŭn-chŏ-ye-yo.	**Es ist direkt in der Nähe.**
28	여기/저기 있네요. yŏ-gi / jŏ-gi it-ne-yo.	**Hier/ Da ist es.**
29	길을 따라 내려가세요. gil ŭl tta-ra nae-ryŏ-ga-se-yo.	**Gehen Sie die Straße hinunter.**
30	우체국 지나서 있어요. u-che-gug ji-na-sŏ i-ssŏ-yo.	**Es ist nach der Post.**
31	도와주셔서 감사합니다. do-wa-ju-shŏ-sŏ gam-sa-hap-ni-da.	**Danke, dass Sie mir geholfen haben. = Ich bedanke mich für Ihre Hilfe.**
32	첫째/둘째 골목으로 들어가세요. chŏt-jjae/dul-jjae gol-mog ŭ-ro dŭl-ŏ-ga-se-yo.	**Gehen Sie in die erste/ zweite Gasse.**
33	우체국 맞은편에 있어요. u-che-guk ma-zŭn-pyŏn e i-ssŏ-yo.	**Es liegt gegenüber der Post.**
34	우체국 바로 뒤에 있어요. u-che-guk ba-ro dwi-e i-ssŏ-yo.	**Es ist direkt hinter der Post.**
35	우체국 바로 옆에 있어요. u-che-guk ba-ro yŏp-e i-ssŏ-yo.	**Es ist direkt neben der Post.**
36	세모 빌딩 3층입니다. se-mo bil-ding sam chŭng ip-ni-da.	**Es ist die 3. Etage des Semo-Gebäudes.**

37	저도 모르겠어요. jŏ do mo-rŭ-get-ssŏ-yo.	**Ich weiß es auch nicht.**
38	저 분/이 분에게 물어보세요. jŏ bun / i bun e-ge mul-ŏ-bo-se-yo.	**Fragen Sie/ diesen Herrn/ diese Dame.**
39	정확하지는 않아요. jŏng-hwak-ha-ji-nŭn an-a-yo.	**Es ist nicht genau/ exakt.**
40	저도 그 방향으로 갑니다. jŏ do gŭ bang-hyang ŭ-ro gap-ni-da.	**Ich gehe auch in diese Richtung.**
41	혹시 이 주소를 아시나요? hok-shi i ju-so rŭl a-shi-na-yo?	**Kennen Sie diese Adresse zufällig?**
42	혹시 이 건물이 어디있는지 아시나요? hok-shi i gŏn-mul i ŏ-di-in-nŭn-ji a-shi-na-yo?	**Wissen Sie zufällig, wo dieses Gebäude ist?**
43	제가 맞게 찾아왔나요? je ga mat-ge cha-ja-wat-na-yo?	**Bin ich an den richtigen Ort gekommen?**
44	초행이라 잘 모르겠어요. cho-haeng i-ra jal mo-rŭ-get-ssŏ-yo.	**Ich bin mir da nicht ganz sicher Ich komme zum ersten Mal hierher.**
45	제가 안내해 드릴게요. je ga an-nae hae dŭ-ril-gge-yo.	**Ich werde Sie führen.**
46	바로 찾으실 거예요. ba-ro cha-zŭ-shil gŏ-ye-yo.	**Sie werden es sofort finden. = Sie können es nicht verpassen.**
47	A와 B사이에 있습니다. A-wa B-sa-i-e it-ssŭp-ni-da.	**Es liegt zwischen A und B.**
48	저를 따라오세요. jŏ rŭl tta-ra-o-se-yo.	**Bitte folgen Sie mir.**
49	한번 더 설명 해주세요. han-bŏn dŏ sŏl-myŏng hae-ju-se-yo.	**Bitte erkläre Sie es mir noch einmal.**
50	병원을 찾고 있습니다. byŏng-wŏn ŭl chat-go it-ssŭp-ni-da.	**Ich suche ein Krankenhaus.**

51	약도를 그려 주시겠어요? yak-do rŭl gŭ-ryŏ ju-shi-get-ssŏ-yo?	**Könnten Sie bitte eine grobe Karte zeichnen?**
52	이 지도에서 현재 위치가 어디인가요? i ji-do-e-sŏ hyŏn-jae wi-chi ga ŏ-di-in-ga-yo?	**Wo ist der aktuelle Standort auf dieser Karte?**
53	블록을 끼고 우회전/좌회전 하세요. bŭl-log ŭl ggi-go u-hoe-jŏn / jwa-hoe-jŏn ha-se-yo.	**Biegen Sie rechts/ links auf den Block.**
54	약도를 그려드릴게요. yak-do rŭl gŭ-ryŏ dŭ-ril-gge-yo.	**Ich werde eine grobe Karte für Sie zeichnen**
55	방금 지나친 것 같아요. bang-gŭm ji-na-chin gŏt gat-a-yo.	**Ich denke, wir haben es gerade geschafft.**
56	조금 더 가야해요. jo-gŭm dŏ ga-ya-hae-yo.	**Wir müssen noch ein bisschen weiter gehen**
57	여기 지리를 잘 아시나요? yŏ-gi ji-ri rŭl jal a-shi-na-yo?	**Kennen SIe die Geographie hier gut? = Kennen Sie diesen Bereich?**
58	지름길이 있나요? ji-rŭm-gil i it-na-yo?	**Gibt es eine Abkürzung?**
59	어느 쪽 인가요? ŏ-nŭ jjok in-ga-yo?	**Welcher Weg ist es?**

Kapitel 13. GESUNDHEIT & KRANKENHAUS & APOTHEKE

01	건강은 어떠세요? gŏn-gang ŭn jom ŏ-ttŏ-se-yo?	**Wie ist die Gesundheit? = Wie fühlst du dich?**
02	몸은 나아졌어요? mom ŭn na-a-jyŏ-ssŏ-yo?	**Geht es deinem Körper besser? = Fühlst du dich besser?**
03	건강이 별로 안 좋아요. gŏn-gang i byŏl-lo an jo-a-yo.	**(Meine) Gesundheit ist nicht sehr gut. = Mir geht es nicht gut.**
04	몸이 안 좋아요. mom i an-jo-a-yo.	**(Mein) Körper ist nicht gut. = Mir geht es nicht gut.**
05	컨디션이 좋아요. kŏn-di-shŏn i jo-a-yo.	**(Mein) Zustand ist gut. = Mir geht es gut.**
06	별로 아프지 않아요. byŏl-lo a-pŭ-ji an-a-yo.	**Es tut nicht so weh. = Ich bin nicht so krank.**
07	잘 아프지 않아요. jal a-pŭ-ji an-a-yo.	**Ich werde nicht leicht krank. = Ich werde selten krank**
08	아파서 누워 있어요. a-pa-sŏ nu-wŏ-i-ssŏ-yo.	**Ich liege (im Bett), weil ich krank bin**
09	몸이 다 아파요. mom i da a-pa-yo.	**(Ich) habe schmerzen am ganzen Körper.**

10	배가 아파요. bae ga a-pa-yo.	**(Mein) Magen schmerzt. = Ich habe Bauchschmerzen.**
11	열이 있어요. yŏl i i-ssŏ-yo.	**Ich habe Fieber. = Ich erleide ein Fieber.**
12	생리통이 있어요. saeng-ni-tong i i-ssŏ-yo.	**Ich habe Menstruationsbeschwerden.**
13	독감이 유행이에요. dok-gam i yu-haeng-i-e-yo.	**Es gibt eine Grippe.**
14	감기 조심하세요. gam-gi jo-shim-ha-se-yo.	**Seien Sie vorsichtig mit einer Erkältung. = Achten Sie darauf, sich nicht zu erkälten.**
15	감기 걸린 것 같아요. gam-gi gŏl-lin gŏt gat-a-yo.	**Ich glaube, ich habe mich erkältet.**
16	감기든 목소리네요. gam-gi-dŭn mok-so-ri ne-yo.	**Du hörst dich an, als hättest du eine Erkältung.**
17	기침을 많이 해요. gi-chim ŭl man-i hae-yo.	**Ich husten viel.**
18	머리가 아파요. mŏ-ri ga a-pa-yo.	**(Mein) Kopf tut weh. = Ich habe Kopfschmerzen.**
19	콧물이 나요. kot-mul i na-yo.	**Ich habe eine laufende Nase.**
20	팔이/다리가 부러졌어요. pal i / da-ri ga bu-rŏ-jyŏ-ssŏ-yo.	**(Mein) Arm/ Bein ist gebrochen.**
21	여드름이 났어요. yŏ-dŭ-rŭm i na-ssŏ-yo.	**Ich habe Akne.**
22	부상당했어요. bu-sang dang-hae-ssŏ-yo.	**Ich bin verletzt.**

23	온몸이 멍 들었어요. on mom i mŏng dŭl-ŏ-ssŏ-yo.	**Ich bin am ganzen Körper verletzt.**
24	다 나았어요. da na-a-ssŏ-yo.	**Es geht mir jetzt besser. / Ich bin nicht mehr krank.**
25	하나도 안 아파요. ha-na-do an a-pa-yo.	**Ich bin überhaupt nicht krank/ verletzt.**
26	갈비뼈가 부러졌어요. gal-bi-bbyŏ ga bu-rŏ-jyŏ-ssŏ-yo.	**Ich habe mir eine Rippe gebrochen.**
27	넘어졌어요. nŏm-ŏ-jyŏ-ssŏ-yo.	**Ich bin hingefallen.**
28	미끄러졌어요. mi-ggŭ-rŏ-jyŏ-ssŏ-yo.	**Ich bin ausgerutscht (und gefallen).**
29	완전히 지쳤어요. wan-jŏn-hi ji-chyŏ-ssŏ-yo.	**Ich bin völlig erschöpft.**
30	건강해 보여요! gŏn-gang-hae bo-yŏ-yo!	**Du siehst gesund aus!**
31	안색이 안 좋아보여요. an-saeg i an jo-a-bo-yŏ-yo.	**(Dein) Teint sieht nicht gut aus.**
32	발진이 났어요. bal-jin i na-ssŏ-yo.	**Ich habe einen Ausschlag.**
33	목이 뻐근해요. mog i bbŏ-gŭn-hae-yo.	**(Mein) Nacken ist steif.**
34	계속 재채기가 나요. gye-sok jae-chae-gi ga na-yo.	**Ich kann nicht aufhören zu niesen**
35	입술이 텄어요. ip-sul i tŏ-ssŏ-yo.	**(Meine) Lippen sind rissig.**

36	좋아지고 있어요. jo-a-ji-go i-ssŏ-yo.	(Ich werde) besser.
37	좀 쉬세요. jom shwi-se-yo.	Ruhen Sie sich ein wenig aus.
38	과로하지 마세요! gwa-ro ha-ji ma-se-yo!	Arbeite nicht zu viel! = Übertreibe es nicht.
39	병원에 가보세요. byŏng-wŏn e ga-bo-se-yo.	Du solltest ins Krankenhaus gehen.
40	그 정도는 아니에요. gŭ jŏng-do nŭn a-ni-e-yo.	Es ist nicht so schlimm.
41	몸조리 잘 하세요. mom-jo-ri jal ha-se-yo.	Pass gut auf dich auf.
42	쾌유를 빕니다. kwae-yu rŭl bip-ni-da.	Hoffe auf deine vollständige Genesung.
43	너무 피곤해요. nŏ-mu pi-gon-hae-yo.	Ich bin zu müde.

KRANKENHAUS

01	근처에 병원이 있나요? gŭn-chŏ-e byŏng-wŏn i it-na-yo?	Gibt es ein Krankenhaus in der Nähe?
02	병원에 좀 데려다 주세요. byŏng-wŏn e jom de-ryŏ-da ju-se-yo.	Bitte bringen Sie mich in ein Krankenhaus.
03	제가 병원에 데려다 드릴게요. je ga byŏng-wŏn e de-ryŏ-da dŭ-ril-gge-yo.	Ich bringe Sie in ein Krankenhaus.
04	구급차를 불러주세요. gu-gŭp-cha rŭl bul-lŏ ju-se-yo.	Bitte einen Krankenwagen rufen.

05	의사를 불러주세요. ŭi-sa rŭl bul-lŏ ju-se-yo.	**Bitte rufen Sie einen Arzt an.**
06	응급상황입니다. ŭng-gŭp sang-hwang ip-ni-da.	**Es ist eine Notsituation.**
07	안색이 좋지 않아요. an-saeg ɪ jot-chi an-a-yo.	**(Ihr) Teint ist nicht gut. = Sie sehen nicht besonders gut aus.**
08	몸에 기운이 하나도 없습니다. mom e gi-un i ha-na-do ŏp-sŭp-ni-da.	**Ich habe überhaupt keine Energie in meinem Körper. = Ich fühle mich so schwach.**
09	어디가 아파서 오셨나요? ŏ-di ga a-pa-sŏ o-shŏt-na-yo?	**Was hat Sie dazu gebracht, hierher zu kommen? = Was hat Sie hierher gebracht?**
10	환자분 성함이 어떻게 되세요? hwan-ja-bun sŏng-ham i ŏ-ttŏ-ke doe-se-yo?	**Wie heißt der Patient?**
11	의료보험이 있나요? ŭi-ryo bo-hŏm i it-na-yo?	**Haben Sie eine Krankenversicherung?**
12	접수를 도와드리겠습니다. jŏp-su rŭl do-wa-dŭ-ri-get-sŭp-ni-da.	**Ich helfe Ihnen bei der Registrierung.**
13	의사선생님이 곧 오실거예요. ŭi-sa-sŏn-saeng-nim i got o-shil-gŏ-ye-yo.	**Der Arzt wird bald kommen.**
14	복용중인 약이 있나요? bog-yong jung-in yag i it-na-yo?	**Nehmen Sie Medikamente ein?**
15	알러지가 있나요? al-lŏ-ji ga it-na-yo?	**Haben Sie Allergien?**
16	지병이 있나요? ji-byŏng i it-na-yo?	**Haben Sie bereits Beschwerden (Krankheiten)?**
17	입을 벌려보세요. ib ŭl bŏl-lyŏ-bo-se-yo.	**Öffnen Sie bitte Ihren Mund.**

18	아 해보세요. a hae-bo-se-yo.	**Sagen Sie "Ah".**
19	숨을 크게 쉬어보세요. sum ŭl kŭ-ge shwi-ŏ-bo-se-yo.	**Atmen Sie tief ein.**
20	체온을 재볼게요. che-on ŭl jae-bol-gge-yo.	**Ich werde (Ihre) Körpertemperatur messen.**
21	주사를 맞아야 겠습니다. ju-sa rŭl ma-ja-ya get-sŭp-ni-da.	**Sie müssen eine Spritze bekommen.**
22	주사를 놔드릴게요. ju-sa rŭl nwa-dŭ-ril-gge-yo.	**Ich werde ihnen eine Spritze/ einen Schuss geben.**
23	조금 따끔합니다. jo-gŭm tta-ggŭm-hap-ni-da.	**Es sticht ein bisschen.**
24	지혈해드릴게요. ji-hyŏl hae-dŭ-ril-gge-yo.	**Ich werde dafür sorgen, dass es nicht mehr blutet**
25	피가 계속 나요. pi ga gye-sok na-yo.	**Ich blute weiter.**
26	열이 많이 나네요. yŏl i man-i na-ne-yo.	**Sie haben hohes Fieber.**
27	더 큰 병원으로 가야 합니다. dŏ kŭn byŏng-wŏn ŭ-ro ga-ya hap-ni-da.	**Sie müssen in ein größeres Krankenhaus gehen.**
28	심각한 상황입니다. shim-gak-han sang-hwang ip-ni-da.	**Es ist eine ernste Situation.**
29	엑스레이를 찍어봅시다. ek-sŭ-re-i rŭl jjig-ŏ bop-shi-da.	**Nehmen wir eine Röntgenaufnahme.**
30	수술을 해야합니다. su-sul ŭl hae-ya-hap-ni-da.	**Sie müssen operiert werden.**

31	왜 이렇게 늦게 오셨어요? wae i-rŏt-ke nŭt-gge o-shŏ-ssŏ-yo?	**Warum sind Sie so spät gekommen?**
32	큰 일 날 뻔 했습니다. kŭn il nal bbŏn haet-ssŭp-ni-da.	**Es hätte viel schlimmer sein können.**
33	처방전을 드리겠습니다. chŏ-bang-jŏn ŭl dŭ-ri-get-sŭp-ni-da.	**Ich werde Ihnen ein Rezept geben.**
34	약국에서 약을 받아가세요. yak-gug e-sŏ yag ŭl bad-a-ga-se-yo.	**Nehmen Sie Ihre Medikamente aus der Apotheke.**
35	상태를 자세히 관찰하세요. sang-tae rŭl ja-se-hi gwan-chal-ha-se-yo.	**Überwachen Sie (Ihren) Zustand sorgfältig.**
36	약을 잊지말고 드세요. yag ŭl it-ji-mal-go dŭ-se-yo.	**Vergessen Sie nicht, die Medikamente einzunehmen.**
37	병원에 또 와야하나요? byŏng-wŏn e tto wa-ya ha-na-yo?	**Muss ich noch einmal ins Krankenhaus (= Arztpraxis)?**
38	아니요, 이제 안 오셔도 됩니다. a-ni-yo, i-je an o-shŏ-do doep-ni-da.	**Nein, Sie müssen nicht mehr kommen.**
39	입원 하셔야 합니다. ib-wŏn ha-shŏ-ya hap-ni-da.	**Sie müssen ins Krankenhaus eingeliefert werden. = Sie müssen im Krankenhaus bleiben**
40	퇴원 하셔도 됩니다. toe-wŏn ha-shŏ-do doep-ni-da.	**Sie können aus dem Krankenhaus entlassen werden. = Sie können jetzt nach Hause gehen.**
41	피검사를 해보는게 좋겠습니다. pi gŏm-sa rŭl hae-bo-nŭn-ge jo-ket-sŭp-ni-da.	**Ich denke, es ist besser, eine Blutuntersuchung durchzuführen.**
42	다른 불편한 곳은 없으신가요? da-rŭn bul-pyŏn-han go sŭn ŏp-sŭ-shin-ga-yo?	**Stört Sie sonst noch etwas?**
43	어떤 증상이 있죠? ŏ-ttŏn jŭng-sang i it-jyo?	**Welche Art von Symptomen haben Sie?**

44	혀를 내밀어 보세요. hyŏ rŭl nae-mil-ŏ bo-se-yo.	**Versuchen Sie, die Zunge herauszustecken.**
45	침대에 누워계세요. chim-dae e nu-wŏ-gye-se-yo.	**Bleiben Sie auf dem Bett liegen.**
46	그만 오셔도 될 것 같습니다. gŭ-man o-shŏ-do doel gŏt gat-sŭp-ni-da.	**Sie müssen nicht mehr zurückkommen.**
47	물을 많이 드세요. mul ŭl man-i dŭ-se-yo.	**Trinken Sie viel Wasser.**
48	혈압을 재보겠습니다. hyŏl-ab ŭl jae-bo-get-sŭp-ni-da.	**Ich werde Ihren Blutdruck messen.**
49	혈압이 높군요. hyŏl-ab i nop-gun-nyo.	**(Ihr) Blutdruck ist hoch.**
50	정상입니다. jŏng-sang ip-ni-da.	**Es ist normal.**
51	눈물이 납니다. nun-mul i nap-ni-da.	**Ich habe Tränen in den Augen.**
52	눈이 너무 건조해요. nun i nŏ-mu gŏn-jo-hae-yo.	**Meine Augen sind zu trocken.**
53	어지럽습니다. ŏ-ji-rŏp-sŭp-ni-da.	**Mir ist schwindelig.**
54	약을 복용 중입니다. yag ŭl bog-yong jung-ip-ni-da.	**Ich nehme (jetzt) Medikamente. = Ich bin jetzt auf Medikamente.**
55	약을 복용하고 있나요? yag ŭl bog-yong ha-go it-na-yo?	**Haben Sie Ihre Medikamente eingenommen?**
56	발목을 삐었어요. bal-mog ŭl bbi-ŏ-ssŏ-yo.	**Ich habe mir den Knöchel verstaucht.**

APOTHEKE

1 이 약을 주세요.
i yag ŭl ju-se-yo.
Bitte geben Sie mir dieses Medikament.

2 처방전을 주세요.
chŏ-bang-jŏn-ŭl ju-se-yo.
Bitte geben Sie mir das Rezept.

3 처방전이 있어야 하나요?
chŏ-bang-jŏn i i-ssŏ-ya ha-na-yo?
Muss ich ein Rezept haben?

4 처방전 없이 살 수 있나요?
chŏ-bang-jŏn ŏp-shi sal su it-na-yo?
Kann ich ohne Rezept kaufen?

5 이게 무슨 약이죠?
i-ge mu-sŭn yag i-jyo?
Was für eine Medizin ist das?

6 의사 소견서를 주세요.
ŭi-sa so-gyŏn-sŏ rŭl ju-se-yo.
Bitte geben Sie mir den Arztbrief.

7 처방약 나왔습니다.
chŏ-bang-yak na-wa-ssŭp-ni-da.
Hier ist Ihre verschriebene Medizin.

8 하루에 몇 번 먹어야 하나요?
ha-ru-e myŏt bŏn mŏg-ŏ-ya ha-na-yo?
Wie oft muss ich es pro Tag nehmen?

9 하루에 세 번, 식 후 30분이요.
ha-ru-e se bŏn, shik hu sam-ship bun-i-yo.
Dreimal täglich 30 Minuten nach einer Mahlzeit.

0 규칙적으로 약을 복용하세요.
gyu-chik-jŏg-ŭ-ro yag ŭl bog-yong ha-se-yo.
Nehmen Sie das Arzneimittel regelmäßig ein.

1 한 번에 한 알 이상 드시면 안되요.
han bŏn-e han al i-sang dŭ-shi-myŏn an-doe-yo.
Sie sollten nicht mehr als eine Pille gleichzeitig einnehmen.

2 깊이 베인데 바를 것 있나요?
gip-i be-in-de ba-rŭl gŏt it-na-yo?
Gibt es etwas, zum auftragen, wo tief geschnitten wurde?

13	이 연고를 상처에 바르세요. i yŏn-go rŭl sang-chŏ-e ba-rŭ-se-yo.	**Tragen Sie diese Creme/ Salbe auf de Schnitt auf.**
14	1회용 밴드를 붙이세요. il-hoe-yong baen-dŭ rŭl bu-chi-se-yo.	**Benutzen Sie dieses einmal Band.**
15	부작용은 없을까요? bu-jag-yong ŭn ŏp-ssŭl-gga-yo?	**Wird es Nebenwirkungen geben?**
16	제가 아는 바로는 없습니다. je ga a-nŭn ba-ro nŭn ŏp-ssŭp-ni-da.	**Soweit ich weiß, gibt es keine.**
17	이 약을 먹고 나면 졸릴 수 있어요. i yag ŭl mŏk-go na-myŏn jol-lil su do i-ssŏ-yo.	**Nach Einnahme dieses Arzneimittels können Sie müde werden.**
18	낮에는 복용하지 마세요. na-je nŭn bo-gyong ha-ji ma-se-yo.	**Nehmen Sie es nicht tagsüber ein.**
19	증상이 계속되면 병원으로 가세요. jŭng-sang i gye-sok-doe-myŏn byŏng-wŏn ŭ-ro ga-se-yo.	**Wenn die Symptome anhalten, gehen S in ein Krankenhaus.**
20	처방전 없이는 약을 드릴 수 없습니다. chŏ-bang-jŏn ŏp-shi nŭn yag ŭl dŭ-ril su ŏp-sŭp-ni-da.	**Ich kann Ihnen das Medikament nich ohne Rezept geben.**
21	그 증상에는 이 약이 잘 듣습니다. gŭ jŭng-sang e nŭn i yag i jal dŭt-ssŭp-ni-da.	**Dieses Arzneimittel wirkt gut bei diese Symptom.**
22	효과가 있으면 좋겠네요. hyo-ggwa ga i-ssŭ-myŏn jo-ket-ne-yo.	**Ich hoffe, dass das effektiv funktionier**
23	이 약은 어디에 있나요? i yag ŭn ŏ-di e it-na-yo?	**Wo ist diese Medizin?**
24	두 약의 차이점은 뭐죠? du yag ŭi cha-i-jŏm ŭn mwŏ-jyo?	**Was ist der Unterschied zwischen de beiden Arzneimitteln?**
25	뭐가 더 잘 듣나요? mwŏ ga dŏ jal dŭt-na-yo?	**Welches funktioniert besser?**

Kapitel 14. TOURISTENATTRAKTION

01	여기가 유명한 관광지 인가요? yŏ-gi ga yu-myŏng-han gwan-gwang-ji in-ga-yo?	**Ist das ein berühmter Touristenort?**
02	네, 아주 유명합니다. ne, a-ju yu-myŏng-hap-ni-da.	**Ja, es ist sehr berühmt.**
03	사람들이 굉장히 많네요. sa-ram-dŭl i goeng-jang-hi man-ne-yo.	**Es gibt so viele Leute.**
04	관광객이 많습니다. gwan-gwang-gaek i man-sŭp-ni-da.	**Es gibt viele Touristen.**
05	언제나 사람이 많아요. ŏn-je-na sa-ram i man-a-yo.	**Es gibt immer viele Leute.**
06	평일에도 붐빕니다. pyŏng-il e-do bum-bip-ni-da.	**Es ist sogar unter der Woche überfüllt.**
07	인기가 많은 곳입니다. in-gi-ga man-ŭn go ship-ni-da.	**Es ist ein beliebter Ort.**
08	역사적인 곳입니다. yŏ-k-sa-jŏg-in go ship-ni-da.	**Es ist ein historischer Ort.**
09	이 곳은 어떤 곳인가요? i go sŭn ŏ-ttŏn go shin-ga-yo?	**Was für ein Ort ist das?**

10	어떠한 의미가 있나요? ŏ-ttŏ-han ŭi-mi ga it-na-yo?	**Welche Bedeutung hat es?**
11	영어 안내 책자가 있나요? yŏng-ŏ an-nae chaek-ja ga it-na-yo?	**Haben Sie einen englischen Reiseführerbuch?**
12	영어 안내원이 있나요? yŏng-ŏ an-nae-wŏn i it-na-yo?	**Haben Sie einen englischen Reiseführer?**
13	오디오 가이드가 있나요? o-di-o ga-i-dŭ ga it-na-yo?	**Hast du einen Audioguide?**
14	티켓은 어디서 사나요? ti-ke sŭn ŏ-di-sŏ sa-na-yo?	**Wo kaufe ich das Ticket?**
15	화장실은 어디에 있나요? hwa-jang-shil ŭn ŏ-di-e it-na-yo?	**Wo ist die Toilette?**
16	입장 후에도 화장실이 있나요? ip-jang hu-e do hwa-jang-shil i it-na-yo?	**Gibt es auch nach dem Eingang eine Toilette?**
17	안내소는 어디인가요? an-nae-so nŭn ŏ-di in-ga-yo?	**Wo ist der Informationsstand?**
18	여권이 필요한가요? yŏ-ggwŏn i pil-yo-han-ga-yo?	**Ist ein Reisepass erforderlich?**
19	사진을 찍어도 되나요? sa-jin ŭl jjig-ŏ-do doe-na-yo?	**Kann ich ein Foto machen?**
20	사진 좀 찍어주시겠어요? sa-jin jom jjig-ŏ ju-shi-get-ssŏ-yo?	**Können Sie bitte ein Foto für mich machen?**
21	사진 찍어드릴까요? sa-jin jjig-ŏ dŭ-ril-gga-yo?	**Soll ich ein Foto für Sie machen?**
22	배경이 나오게 찍어주세요. bae-gyŏng i na-o-ge jjig-ŏ ju-se-yo.	**Bitte machen Sie ein Foto mit sichtbarem Hintergrund.**

23	어른 한 장, 어린이 두 장 주세요. ŏ-rŭn han jang, ŏ-rin-i du jang ju-se-yo.	**Geben Sie mir ein Ticket (für Erwachsene), zwei Tickets (für Kinder).**
24	몇시까지 입장해야 하나요? myŏ-sshi gga-ji ip-jang hae-ya ha-na-yo?	**Bis wann muss ich reingehen?**
25	몇시까지 구경 가능한가요? myŏ-sshi gga-ji gu-gyŏng ga-nŭng-han-ga-yo?	**Bis wann können wir uns spätestens umschauen?**
26	출구가 어디죠? chul-gu ga ŏ-di-jyo?	**Wo ist der Ausgang?**
27	동영상을 찍어도 되나요? dong-yŏng-sang ŭl jjig-ŏ-do doe-na-yo?	**Kann ich ein Video aufnehmen?**
28	입장 제한 구역입니다. ip-jang je-han gu-yeog ip-ni-da.	**(Es ist) ein eingeschränkter (Eingangs-) Bereich.**
29	왼쪽으로/오른쪽으로 걸으세요. oen-jjog ŭ-ro / o-rŭn-jjog ŭ-ro gŏl-ŭ-se-yo.	**Halten Sie sich beim Gehen links / rechts.**
30	여기서 만나요. yŏ-gi-sŏ man-na-yo.	**Treffen wir uns hier.**
31	입장료는 얼마죠? ip-jang-nyo nŭn ŏl-ma-jyo?	**Wie hoch ist der Eintrittspreis?**
32	어린이/경로 할인이 있나요? ŏ-rin-i / gyŏng-no hal-in i it-na-yo?	**Haben Sie einen Rabatt für Kinder/ Senioren?**
33	외국인은 얼마죠? oe-gug-in ŭn ŏl-ma-jyo?	**Wie viel kostet es für Ausländer?**
34	여기 들어가도 되나요? yŏ-gi dŭl-ŏ-ga-do doe-na-yo?	**Kann ich hier reingehen?**
35	바깥에서만 관람해주세요. ba-ggat-e-sŏ man gwal-lam hae-ju-se-yo.	**Bitte schauen Sie nur von außen.**
36	들어가면 안됩니다. dŭl-ŏ-ga-myŏn an-doep-ni-da.	**Sie können nicht hineingehen.**

37	조용히 해주세요. jo-yong-hi hae-ju-se-yo.	**Bitte leise sein.**
38	큰 소리로 말하면 안됩니다. kŭn so-ri ro mal-ha-myŏn an-doep-ni-da.	**Bitte senken Sie Ihre Stimme.**
39	만지면 안됩니다. man-ji-myŏn an-doep-ni-da.	**Sie können (es) nicht berühren.**
40	기념품 가게는 어디에 있나요? gi-nyŏm-pum ga-ge-nŭn ŏ-di-e it-na-yo?	**Wo ist der Souvenirshop?**
41	기념품을 사고 싶습니다. gi-nyŏm-pum ŭl sa-go ship-sŭp-ni-da.	**Ich möchte Souvenirs kaufen.**
42	입장권을 보여주세요. ip-jang-ggwŏn ŭl bo-yŏ-ju-se-yo.	**Bitte zeigen Sie mir die Eintrittskarte.**
43	검색을 하겠습니다. gŏm-saeg ŭl ha-get-ssŭp-ni-da.	**Ich werde einen (Sicherheits-) Scan durchführen.**
44	음식은 반입이 안됩니다. ŭm-shig ŭn ban-ib i an-doep-ni-da.	**Das Essen darf nicht mitgenommen werden.**
45	안에 식당이 있나요? an-e shik-dang i it-na-yo?	**Gibt es innen ein Restaurant?**
46	문화적인 의미가 있습니다. mun-hwa-jŏg-in ŭi-mi ga it-ssŭp-ni-da.	**Es hat eine kulturelle Bedeutung.**
47	이런건 처음 봅니다. i-rŏn gŏn chŏ-ŭm bop-ni-da.	**Ich sehe so etwas zum ersten Mal. = Ich habe so etwas noch nie gesehen.**
48	경치 좋다! gyŏng-chi jot-ta!	**Die Aussicht ist gut! = Was für eine Aussicht!**
49	정말 멋집니다. jŏng-mal mŏt-jip-ni-da..	**Es ist wirklich cool.**
50	생각보다 멋집니다. saeng-gak bo-da mŏt-jip-ni-da.	**Es ist cooler als ich dachte.**

51	정말 한국적이네요. jŏng-mal han-guk-jŏg i-ne-yo.	**Es ist wirklich koreanisch (Stil).**
52	아주 독특합니다. a-ju dok-tŭk-hap-ni-da.	**Das ist so einzigartig.**
53	이게 다예요? i-ge da ye-yo?	**Ist das alles?**
54	별로네요. byŏl-lo-ne-yo.	**Es ist nicht so gut.**
55	실망스럽네요. shil-mang-sŭ-rŏp-ne-yo.	**Es ist enttäuschend.**
56	괜히 왔어요. gwen-hi wa-ssŏ-yo.	**Wir hätten nicht hierher kommen sollen. = Wir sind umsonst hergekommen!**

Kapitel 15. WETTER

01	날씨가 어때요? nal-shi ga ŏ-ttae-yo?	**Wie ist das Wetter?**
02	날씨가 정말 좋네요! nal-shi ga jŏng-mal jot-ne-yo!	**Das Wetter ist sehr schön! = Was für schönes Wetter!**
03	매일 날씨가 이랬으면 좋겠어요. mae-il nal-shi ga i-rae-sŭ-myŏn jo-ke-ssŏ-yo.	**Ich wünschte, das Wetter wäre jeden Tag so.**
04	날씨가 왜 이렇죠? nal-shi ga wae i-rŏt-chyo?	**Warum ist das Wetter so? = Was ist los mit dem Wetter?**
05	비가 오려나? bi ga o-ryŏ-na?	**Wird es regnen?**
06	하늘이 맑아요. ha-nŭl i mal-ga-yo.	**Der Himmel ist klar.**
07	햇살이 따갑습니다. hae-ssal i tta-gap-sŭp-ni-da.	**Das Sonnenlicht sticht. = Die Sonne ist heiß.**
08	구름이 많이 꼈네요. gu-rŭm i man-i ggyŏt-ne-yo.	**Viele Wolken hängen vorbei. = Es ist bewölkt.**
09	눈이 내린다! nun i nae-rin-da!	**Schnee kommt runter! = Es schneit!**

10	첫눈이다! chŏt nun i-da!	**Es ist der erste Schnee!**
11	비가 쏟아지네요! bi ga sso-da-ji-ne-yo!	**Es regnet!**
12	일기 예보가 틀렸어요. il-gi ye-bo ga tŭl-lyŏ-sŏ-yo.	**Die Wettervorhersage ist falsch.**
13	우산을 가져올걸! u-san ŭl ga-jyŏ-ol-gŏl!	**Ich hätte einen Regenschirm mitbringen sollen!**
14	너무 덥네요/춥네요. nŏ-mu dŏp-ne-yo/chup-ne-yo.	**Es ist zu heiß/ kalt.**
15	굉장히 습하네요/건조하네요. goeng-jang-hi sŭp-ha-ne-yo / gŏn-jo-ha-ne-yo.	**Es ist sehr feucht/ trocken.**
16	비가/눈이 그쳤나요? bi ga / nun i gŭ-chyŏt-na-yo?	**Hat es aufgehört zu regnen/ zu schneien?**
17	이제 안오네요. i-je an o-ne-yo.	**Es hörte auf zu regnen/ zu schneien.**
18	내일은 날씨가 어떨까요? nae-il ŭn nal-shi ga ŏ-ttŏl-gga-yo?	**Wie wird das Wetter morgen sein?**
19	날씨가 정말 이상하네요. nal-shi ga jŏng-mal i-sang-ha-ne-yo.	**Das Wetter ist wirklich komisch.**
20	서울 날씨는 어때요? sŏ-ul nal-shi nŭn ŏ-ttae-yo?	**Wie ist das Wetter in Seoul?**
21	비가/눈이 올 것 같아요. bi ga / nun i ol gŏt gat-a-yo.	**Es scheint, als würde Regen/ Schnee kommen.**
22	일기 예보 들으셨나요? il-gi ye-bo dŭl-ŭ-shŏt-na-yo?	**Hast du die Wettervorhersage gehört?**

23	일기 예보에 따르면 화창할 예정입니다. il-gi ye-bo-e tta-rŭ-myŏn hwa-chang-hal ye-jŏng-ip-ni-da.	**Laut Wettervorhersage ist es sonnig.**
24	태풍이 오고 있어요. tae-pung i o-go i-ssŏ-yo.	**Der Sturm kommt.**
25	소풍가기에 날씨가 어때요? so-pung ga-gi-e nal-shi ga ŏ-ttae-yo?	**Wie ist das Wetter für ein Picknick?**
26	오늘 몇 도예요? o-nŭl myŏt do ye-yo?	**Wie ist die Temperatur heute?**
27	최고기온은/최저기온은 30도입니다. choe-go gi-on ŭn/choe-jŏ gi-on ŭn sam-ship do ip-ni-da.	**Die höchste/ niedrigste Temperatur beträgt 30 Grad.**
28	날씨가 차차 좋아지고 있어요. nal-shi ga cha-cha jo-a-ji-go i-ssŏ-yo.	**Das Wetter wird allmählich besser.**
29	아침내내 흐렸어요. a-chim nae-nae hŭ-ryŏ-ssŏ-yo.	**Es war den ganzen Morgen bewölkt.**
30	날씨를 예측할 수 없네요. nal-shi rŭl ye-chŭk hal su ŏp-ne-yo.	**Ich kann das Wetter nicht vorhersagen.**
31	해가 점점 짧아지고/길어지고 있어요. hae ga jŏm-jŏm jjal-ba-ji-go / gil-ŏ-ji-go i-ssŏ-yo.	**Die Sonne wird allmählich kürzer/ länger. = Die Tage ziehen sich ein/ aus.**
32	오후에 비가/눈이 올 거예요. o-hu e bi ga / nun i ol gŏ-ye-yo.	**Regen/ Schnee kommt am Nachmittag**
33	날씨가 변덕스러워요. nal-shi ga byŏn-dŏk-sŭ-rŏ-wŏ-yo.	**Das Wetter ist launisch/ wechselhaft/ unsicher.**
34	날씨가 오락가락 하네요. nal-shi ga o-rak-ga-rak ha-ne-yo.	**Das Wetter ändert sich ständig.**
35	곧 좋아질 거예요. got jo-a-jil gŏ-ye-yo.	**Es wird bald besser werden.**

36 하루종일 비가/눈이 오네요.
ha-ru-jong-il bi ga / nun i o-ne-yo.
Es regne / schneit den ganzen Tag.

37 기온이 많이 떨어졌어요.
gi-on i man-i ttŏl-ŏ-jyŏ-ssŏ-yo.
Die Temperatur ist stark gesunken.

38 날씨가 따뜻하네요.
nal-shi ga tta-ttŭt-ha-ne-yo.
Das Wetter ist warm.

39 날씨가 맑겠습니다.
nal-shi ga mal-gget-sŭp-ni-da.
Das Wetter wird klar sein.

40 일기 예보는 믿을 수 없습니다.
il-gi ye-bo nŭn mid-ŭl su-ga ŏp-sŭp-ni-da.
Sie können der Wettervorhersage nicht vertrauen.

41 한국 날씨 어때요?
han-guk nal-shi ŏ-ttae-yo?
Wie ist das Wetter in Korea?

42 어떤 계절이 가장 좋아요?
ŏ-ttŏn gye-jŏl i ga-jang jo-a-yo?
Welche Jahreszeit magst du am liebsten?

43 봄이/여름이/가을이/겨울이 가장 좋아요.
bom i / yŏ-rŭm i / ga-ŭl i / gyŏ-ul i ga-jang jo-a-yo.
Ich mag Frühling/ Sommer/ Herbst/ Winter am meisten.

44 곧 봄이 올 거예요.
got bom i ol gŏ-ye-yo.
Der Frühling wird bald kommen.

45 잎이 붉게 물드네요.
ip i bul-gge mul-dŭ-ne-yo.
Die Blätter färben sich rot.

46 황사가 옵니다.
hwang-sa ga op-ni-da.
Der Sandsturm kommt.

47 황사때문에 눈이 따가워요.
hwang-sa ttae-mun-e nun i tta-ga-wŏ-yo.
Augen stechen wegen des Sandsturms.

48 비가 오면 좋겠어요.
bi ga o-myŏn jo-ke-ssŏ-yo.
Es wäre schön, wenn es regnen würde.

49 지금은 장마철이에요.
ji-gŭm ŭn jang-ma-chŏl i-e-yo.
Es ist jetzt Regenzeit.

50	이번 주부터 장마가 시작됩니다. i-bŏn ju bu-tŏ jang-ma ga shi-jak-doep-ni-da.	**Die Regenzeit beginnt ab dieser Woche.**
51	쾌적한 날씨네요! kwae-jŏk-han nal-shi ne-yo!	**Was für ein angenehmes/ ideales Wetter ist es!**
52	날씨 정말 좋네요! nal-shil jŏng-mal jot-ne-yo!	**Das Wetter ist wirklich gut!**
53	구름 하나 없어요. gu-rŭm ha-na ŏp-sŏ-yo.	**Es gibt keine einzige Wolke!**
54	땀이 나네요. ttam i na-ne-yo.	**Ich schwitze.**
55	안개가 자욱하네요. an-gae ga ja-uk-ha-ne-yo.	**Es ist wirklich neblig.**
56	바람이 많이 부네요. ba-ram i man-i bu-ne-yo.	**Es ist sehr windig**
57	공기가 안좋아요. gong-gi ga an-jo-a-yo.	**Die Luft (Qualität) ist nicht gut.**
58	눈이 많이 쌓였어요. nun i man-i ssa-yŏ-ssŏ-yo.	**Es hat sich viel Schnee angesammelt. = Es hat sich viel Schnee angesammelt.**
59	길이 얼었어요. gil i ŏl-ŏ-ssŏ-yo.	**Die Straße ist gefroren.**
60	길이 미끄러워요. gil i mi-ggŭ-rŏ-wŏ-yo.	**Die Straße ist glatt.**

Kapitel 16. EMOTIONEN

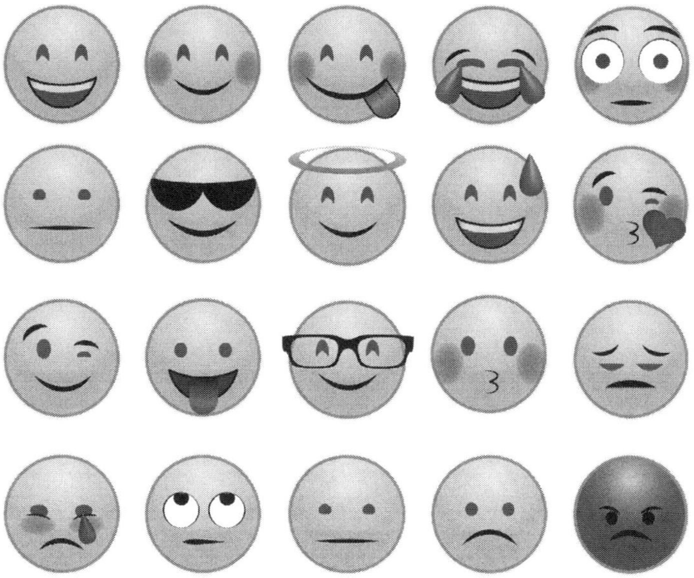

01	정말 기뻐요. jŏng-mal gi-bbŏ-yo.	**Ich bin sehr glücklich.**
02	좋은 생각이에요! jo-ŭn saeng-gag i-e-yo!	**Das ist eine großartige Idee!**
03	훌륭합니다. hul-lyung-hap-ni-da.	**Es ist fabelhaft.**
04	화났어요? hwa na-ssŏ-yo?	**Bist du verärgert?**
05	많이 화났어요. man-i hwa na-ssŏ-yo.	**Ich bin sehr wütend**
06	짜증나요. jja-zŭng na-yo.	**Ich bin wirklich irritiert.**
07	열받았어요. yŏl bad-a-ssŏ-yo.	**Ich bin sauer**
08	안심이 됩니다. an-shim i doep-ni-da.	**Das ist eine Erleichterung.**
09	놀랍군요! nol-lap-gun-yo!	**Unglaublich! / Tolle!**

10	농담이죠? nong-dam i-jyo?	**Du machst Witze mit mir, richtig?**
11	장난하지 마세요. jang-nan ha-ji ma-se-yo.	**Hör auf mit mir zu spielen / zu scherzen.**
12	믿을 수 없어! mid-ŭl su ŏp-sŏ!	**Ich kann es nicht glauben!**
13	환상적이네요! hwan-sang-jŏg i-ne-yo!	**Es ist fantastisch!**
14	멋질 거예요! mŏt-jil gŏ-ye-yo!	**Es wird cool sein!**
15	진짜예요? jin-jja ye-yo?	**Wirklich?**
16	진심인가요? jin-shim in-ga-yo?	**Ist das dein Ernst?**
17	흥미진진하네요. hŭng-mi-jin-jin ha-ne-yo.	**Das ist aufregend!**
18	끔찍해! ggŭm-jjik-hae!	**Das ist schrecklich!**
19	창피해! chang-pi-hae!	**Was für eine Schande!**
20	이제 제발 그만해! i-je je-bal gŭ-man-hae!	**Bitte hör jetzt auf!**
21	매우 불쾌하네요. mae-u bul-kwae-ha-ne-yo.	**Ich bin äußerst unglücklich.**
22	슬퍼요. sŭl-pŏ-yo.	**Ich bin traurig.**

23	정말 비참하네요. jŏng-mal bi-cham-ha-ne-yo.	**Es ist wirklich elend.**
24	기분이 별로 좋지 않아요. gi-bun i byŏl-lo jot-chi an-a-yo.	**Ich bin nicht gut gelaunt**
25	기분이 좋아요. gi-bun i jo-a-yo.	**Mir geht es gut.**
26	우울하네요. u-ul-ha-ne-yo.	**Ich fühle mich niedergeschlagen.**
27	실망이에요. shil-mang i-e-yo.	**Ich bin enttäuscht**
28	당신에게 실망했어요. dang-shin e-ge shil-mang-hae-ssŏ-yo.	**Ich bin enttäuscht von dir**
29	애석하네요. ae-sŏk-ha-ne-yo.	**Das ist schade**
30	저런, 안됐네요. jŏ-rŏn, an-doet-ne-yo.	**Oh mein Gott, das ist schade.**
31	운이 나빴어요. un i na-bba-ssŏ-yo.	**Das war unglücklich.**
32	그 말을 들으니 유감입니다. gŭ mal ŭl dŭl-ŭ-ni yu-gam-ip-ni-da.	**Es tut mir leid, das zu hören.**
33	저는 당신 편이에요. jŏ nŭn dang-shin pyŏn i-e-yo.	**Ich bin auf deiner Seite.**
4	실망하지 마세요. shil-mang ha-ji ma-se-yo.	**Sei nicht enttäuscht.**
5	무슨 일이지요? mu-sŭn il i-ji-yo?	**Was ist los?**
6	뭐가 잘못되었나요? mwŏ ga jal-mot doe-ŏt-na-yo?	**Stimmt etwas nicht?**

37	괜찮아요? goen-chan-a-yo?	**Geht es dir gut?/ Ist es okay?**
38	걱정하지 마세요. gŏk-jŏng ha-ji ma-se-yo.	**Mach dir keine Sorgen.**
39	무엇 때문에 걱정이세요? mu-ŏt ttae-mun-e gŏk-jŏng-i-se-yo?	**Worüber machst du dir Sorgen?**
40	무슨 문제 있나요? mu-sŭn mun-je it-na-yo?	**Gibt es ein Problem?**
41	빨리 해결하시기를 바래요. bbal-li hae-gyŏl-ha-shi-gi rŭl ba-rae-yo.	**Ich hoffe, Sie lösen es bald.**
42	대단히 감사합니다. dae-dan-hi gam-sa-hap-ni-da.	**Vielen Dank.**
43	모든 것에 감사드려요. mo-dŭn gŏ se gam-sa-dŭ-ryŏ-yo.	**Danke für alles.**
44	도와주셔서 감사합니다. do-wa-ju-shŏ-sŏ gam-sa-hap-ni-da.	**Danke, dass Sie mir geholfen haben.**
45	저에게 큰 도움이 되어주셨어요. jŏ e-ge kŭn do-um i doe-ŏ-ju-shŏ-ssŏ-yo.	**Du warst mir eine große Hilfe.**
46	초대해 주셔서 감사합니다. cho-dae-hae ju-shŏ-sŏ gam-sa-hap-ni-da.	**Danke, dass Sie mich eingeladen haben.**
47	고맙습니다. go-map-sŭp-ni-da.	**Vielen Dank.**
48	정말 친절하시네요. jŏng-mal chin-jŏl-ha-shi-ne-yo.	**Das ist sehr nett von dir.**
49	저야말로 감사합니다. jŏ-ya-mal-lo gam-sa-hap-ni-da.	**Ich bin es, der dankbar ist. = Danke.**
50	천만에요. chŏn-man-e-yo.	**Gern geschehen.**

51	미안합니다. mi-an-hap-ni-da.	**Es tut mir leid.**
52	죄송합니다. joe-song-hap-ni-da.	**Ich entschuldige mich.**
53	정말 죄송합니다. jŏng-mal joe-song-hap-ni-da.	**Ich entschuldige mich aufrichtig.**
54	정말 미안합니다. jŏng-mal mi-an-hap-ni-da.	**Es tut mir wirklich leid.**
55	늦어서 죄송합니다. nŭ-zŏ-sŏ joe-song-hap-ni-da.	**Es tut mir leid, dass ich zu spät komme.**
56	기다리게 해서 죄송해요. gi-da-ri-ge hae-sŏ joe-song-hae-yo.	**Es tut mir leid, dass ich Sie warten ließ.**
57	제 실수예요. je shil-su ye-yo.	**Es ist mein Fehler.**
58	제 실수를 사과드립니다. je shil-su rŭl sa-gwa-dŭ-rip-ni-da.	**Ich entschuldige mich für meinen Fehler.**
59	너무 시끄럽게 해서 죄송합니다. nŏ-mu shi-ggŭ-rŏp-ge hae-sŏ joe-song-hap-ni-da.	**Ich entschuldige mich für zu laut.**
60	그런 의도가 아니었어요. gŭ-run ŭi-do ga a-ni-ŏ-ssŏ-yo.	**Das war nicht meine Absicht.**
61	당연하죠! dang-yŏn-ha-jyo!	**Natürlich!**
62	물론이죠! mul-lon-i-jyo!	**Auf jeden Fall!**
63	미쳤어요? mi-chyŏ-ssŏ-yo?	**Bist du verrückt?**
64	정신 나갔어요? jŏng-shin na-ga-ssŏ-yo?	**Spinnst du?**

65	화내지 마세요. hwa-nae-ji ma-se-yo.	**Reg dich nicht auf.**
66	무서워요. mu-sŏ-wŏ-yo.	**Es ist beängstigend/ Du bist beängstigend.**
67	너무 웃겨요. nŏ-mu ut-gyŏ-yo.	**Es ist zu lustig.**
68	정말 재밌어요. jŏng-mal jae-mi-ssŏ-yo.	**Es macht wirklich Spaß.**
69	마음이 아파요. ma-ŭm i a-pa-yo.	**(Mein) kopf tut weh. = Ich habe ein gebrochenes Herz.**

Kapitel 17. IN DER ARBEIT

01	신입사원 김철수입니다. shin-ip-sa-wŏn kim chŏl-su ip-ni-da.	**Ich bin Kim Cheol-su, ein neuer Mitarbeiter/ Rekrut.**
02	많이 가르쳐주세요. man-i ga-rŭ-chyŏ-ju-se-yo.	**Ich hoffe, dass ich viel von Ihnen lernen kann.**
03	인턴으로 들어왔습니다. in-tŏn ŭ-ro dŭl-ŏ-wa-sŭp-ni-da.	**Ich arbeite als Praktikantin.**
04	마케팅 부서에서 일하게 되었습니다. ma-ke-ting bu-sŏ e-sŏ il-ha-ge doe-ŏ-ssŭp-ni-da.	**Ich wurde beauftragt, in der Marketingabteilung zu arbeiten.**
05	함께 일하게 되어 영광입니다. ham-gge il-ha-ge doe-ŏ yŏng-gwang ip-ni-da.	**Es ist mir eine Ehre, mit Ihnen zu arbeiten.**
06	이 전에는 삼성에서 일했어요. i jŏn-e-nŭn sam-sŏng e-sŏ il-hae-ssŏ-yo.	**Ich habe bei Samsung gearbeitet, bevor ich hierher gekommen bin.**
07	출근/퇴근은 몇시인가요? chul-gŭn/toe-gŭn ŭn myŏ-sshi in-ga-yo?	**Um wie viel Uhr ist es in / out?**
08	점심 시간은 몇시부터인가요? jŏm-shim shi-gan ŭn myŏ-sshi bu-tŏ in-ga-yo?	**Ab wann beginnt das Mittagessen?**

09	제 자리는 어디죠? je ja-ri nŭn ŏ-di-jyo?	**Wo ist mein Sitzplatz?**
10	사원증을 만들어드릴게요. sa-wŏn-tzŭng ŭl man-dŭl-ŏ dŭ-ril-gge-yo.	**Ich mache Ihnen eine Mitarbeiterkarte.**
11	계약서에 서명해주세요. gye-yak-sŏ e sŏ-myŏng hae-ju-se-yo.	**Bitte unterschreiben Sie den Kontakt.**
12	연봉은 얼마죠? . yŏn-bong ŭn ŏl-ma-jyo?	**Wie hoch ist das Gehalt?**
13	월급은 통장으로 보내드립니다. wŏl-gŭb ŭn tong-jang ŭ-ro bo-nae-dŭ-rip-ni-da.	**Wir senden (monatliche) Zahlungen auf (Ihr) Konto.**
14	휴가는 일년에 며칠인가요? hyu-ga nŭn il-nyŏn e myŏ-chil in-ga-yo?	**Wie viele Urlaubstage bekomme ich pro Jahr?**
15	구내식당은 어디죠? gu-nae-shik-dang ŭn ŏ-di-jyo?	**Wo ist die Cafeteria?**
16	야근을 많이 하나요? ya-gŭn ŭl man-i ha-na-yo?	**Machen wir nachts viele Überstunden?**
17	프로젝트가 많아요. pŭ-ro-jek-tŭ ga man-a-yo.	**Wir haben/ Es gibt viele Projekte.**
18	우리 팀장님은 깐깐해요. u-ri tim-jang-nim ŭn ggan-ggan-hae-yo.	**Unser Manager ist wählerisch/ anspruchsvoll**
19	우리 사장님은 개방적이에요. u-ri sa-jang-nim ŭn gae-bang-jŏg i-e-yo.	**Unser Chef ist aufgeschlossen.**
20	사내 연애는 금지예요. sa-nae yŏn-ae nŭn gŭm-ji-ye-yo.	**Dating bei der Arbeit ist verboten.**
21	담배를 피려면 옥상으로 가세요. dam-bae rŭl pi-ryŏ-myŏn ok-sang-ŭ-ro ga-se-yo.	**Wenn Sie eine Zigarette rauchen, gehen Sie a das Dach.**
22	복장은 정장/캐쥬얼 입니다. bok-jang ŭn jŏng-jang/kae-yju-ŏl ip-ni-da.	**Kleiderordnung ist Anzug/ lässig.**

23	탕비실은 어디인가요? tang-bi-shil ŭn ŏ-di-in-ga-yo?	**Wo ist die Büro Pantry?**
24	업무 보고를 해주세요. ŏp-mu bo-go rŭl hae-ju-se-yo.	**Bitte geben Sie mir den Geschäfts-/ Tätigkeitsbericht.**
25	프레젠테이션 준비를 합시다. pŭ-re-jen-te-i-shŏn jun-bi rŭl hap-shi-da.	**Machen wir uns bereit für die Präsentation.**
26	아주 중요한 미팅이에요. a-ju jung-yo-han mi-ting i-e-yo.	**Es ist ein sehr wichtiges Treffen.**
27	여기선 원래 그렇게 해요. yŏ-gi-sŏn wŏl-lae gŭ-rŏt-ke hae-yo.	**So machen wir es hier.**
28	이렇게 하면 되나요? i-rŏt-ke ha-myŏn doe-na-yo?	**Ist es in Ordnung, wenn ich das mag?**
29	업무가 많네요/적네요. ŏp-mu ga man-ne-yo/jŏk-ne-yo.	**Es gibt viel/ wenig Arbeit.**
30	퇴근 해도 될까요? toe-gŭn hae-do doel-gga-yo?	**Darf ich von der Arbeit gehen? = Stört es dich, wenn ich gehe?**
31	제가 더 도와드릴 일이 있을까요? je ga dŏ do-wa-dŭ-ril il i i-ssŭl-gga-yo?	**Kann ich Ihnen bei irgendeiner Arbeit weiterhelfen?**
32	좋은 동료가 있어서 기쁘네요. jo-ŭn dong-nyo ga i-ssŏ-sŏ gi-bbŭ-ne-yo.	**Ich bin glücklich, weil ich einen guten Kollegen habe.**
33	내일은 휴일이라 출근 안해도 되요. nae-il ŭn hyu-il i-ra chul-gŭn an-hae-do doe-yo.	**Sie müssen nicht zur Arbeit kommen, denn morgen ist Urlaub.**
34	오늘 결근이에요. o-nŭl gyŏl-gŭn i-e-yo.	**(Ich bin/ Er ist/ Sie ist) heute abwesend.**
35	몸이 아파서 조퇴하려고요. mom i a-pa-sŏ jo-toe ha-ryŏ-go-yo.	**Ich werde früh gehen, weil ich mich nicht gut fühle.**
36	제 업무 좀 대신 해주세요. je ŏp-mu jom dae-shin hae-ju-se-yo.	**Bitte erledige meine Arbeit in meinem Namen. = Kannst du für mich ausfüllen?**

37	왜 퇴근 안하세요? oe toe-gŭn an-ha-se-yo?	**Warum gehst du nicht von der Arbeit?**
38	오늘 야근 하시나요? o-nŭl ya-gŭn ha-shi-na-yo?	**Arbeiten Sie heute nachts Überstunden?**
39	경비처리 하면 되요. gyŏng-bi chŏ-ri ha-myŏn doe-yo.	**Es kann als Geschäftsaufwand abgeschrieben werden**
40	빨리 해주세요. bbal-li hae-ju-se-yo.	**Bitte mach es schnell.**
41	오늘까지 처리 해야해요. o-nŭl gga-ji chŏ-ri hae-ya-hae-yo.	**Bis heute muss dafür gesorgt werden.**
42	저에게 이메일로 보내주세요. jŏ e-ge i-mae-il lo bo-nae-ju-se-yo.	**Schicken Sie es mir bitte per E-Mail.**
43	회의실로 오세요. hoe-ŭi-shil lo o-se-yo.	**Kommen Sie bitte in den Besprechungsraum.**
44	그렇게 하면 안돼요. gŭ-rŏt-ke ha-myŏn an-doe-yo.	**So sollten Sie es nicht machen.**
45	결재해주세요. gyŏl-jae hae-ju-se-yo.	**Bitte genehmigen/ autorisieren.**
46	사장님께 보고하세요. sa-jang-nim-gge bo-go ha-se-yo.	**Bitte melden Sie sich beim Chef.**
47	이 서류를 복사해주세요. i sŏ-ryu rŭl bok-sa hae-ju-se-yo.	**Bitte machen Sie Kopien dieses Dokuments.**
48	좀 쉬었다 합시다. jom shwi-ŏt-da hap-shi-da.	**Machen wir eine kurze Pause.**
49	집에서 마무리 할게요. jib e-sŏ ma-mu-ri hal-gge-yo.	**Ich werde es zu Hause beenden.**
50	재택근무 하려고요. jae-taek-gŭn-mu ha-ryŏ-go-yo.	**Ich arbeite von zu Hause aus.**

51 내일도 사무실에 나와주세요.
nae-il do sa-mu-shil e na-wa-ju-se-yo.
Kommen Sie bitte morgen zur Arbeit.

52 오늘 회식 있습니다.
o-nŭl hoe-shik it-ssŭp-ni-da.
Heute findet ein Betriebsfest statt.

53 회식에 꼭 가야하나요?
hoe-shig e ggok ga-ya ha-na-yo?
Muss ich zum Betriebsfest gehen?

54 물론이죠. 빠지면 안돼요.
mul-lon-i-jyo. bba-ji-myŏn an-doe-yo.
Natürlich. Es ist nicht in Ordnung, wenn Sie es verpassen.

55 오늘 아파서 출근 못할 것 같아요.
o-nŭl a-pa-sŏ chul-gŭn mot-hal gŏt gat-a-yo.
Ich glaube, ich kann nicht zur Arbeit gehen, weil ich mich heute krank fühle.

56 결근계를 작성해주세요.
gyŏl-gŭn-gye rŭl jak-sŏng hae-ju-se-yo.
Bitte füllen Sie einen Abwesenheitsbericht aus.

57 너무 열심히 일하지 마세요.
nŏ-mu yŏl-shim-hi il ha-ji ma-se-yo.
Arbeite nicht zu hart.

58 깜빡 졸았어요.
ggam-bbak jol-at-ŏ-yo.
Ich bin für einen kurzen Moment eingeschlafen.

59 먼저 퇴근할게요.
mŏn-jŏ toe-gŭn hal-gge-yo.
Ich steige zuerst von der Arbeit aus (= vor Ihnen).

60 수고하세요!
su-go ha-se-yo!
Nehmen Sie es einfach./ Wir sehen uns.

61 팀장님보다 먼저 퇴근하면 안돼요.
tim-jang-nim bo-da mŏn-jŏ toe-gŭn ha-myŏn an-doe-yo.
Es ist nicht in Ordnung, wenn Sie früher als der Chef die Arbeit verlassen.

62 다들 그렇게 해요.
da-dŭl gŭ-rŏt-ke hae-yo.
Das macht hier jeder so.

63 신입사원 교육을 하겠습니다.
shin-ip-sa-wŏn gyo-yug ŭl ha-get-ssŭp-ni-da.
Wir werden eine neue Mitarbeiterschulung haben.

64 승진 축하드립니다!
sŭng-jin chuk-ha-dŭ-rip-ni-da!
Herzlichen Glückwunsch zu Ihrer Promotion!

65	인사평가에 반영 될거예요. in-sa-pyŏng-gga e ban-yŏng doel-ggŏ-ye-yo.	**Es wird in der Mitarbeiterbewertung berücksichtigt.**
66	인사과에 가서 말해보세요. in-sa-ggwa e ga-sŏ mal-hae-bo-se-yo.	**Versuchen Sie, mit der Personalabteilung zu sprechen.**
67	어느 분께 여쭤보면 될까요? ŏ-nŭ bun gge yŏ-jjwŏ-bo-myŏn doel-gga-yo?	**Wen sollte ich fragen?**
68	월급이 아직 안 들어왔어요. wŏl-gŭb i a-jik an dŭl-ŏ-wa-ssŏ-yo.	**Gehaltsscheck ist noch nicht eingetroffen. = Ich habe meinen Gehaltsscheck noch nicht erhalten.**
69	월급이 올랐어요. wŏl-gŭb i ol-la-ssŏ-yo.	**(Mein) Monatsgehalt ist gestiegen. = Ich habe eine Gehaltserhöhung erhalten.**
70	저는 퇴사하려고요. jŏ nŭn toe-sa ha-ryŏ-go-yo.	**Ich plane die Firma zu verlassen. = Ich werde zurücktreten/ den Job kündigen.**
71	다른 곳으로 이직하려고요. da-rŭn go sŭ-ro i-jik ha-ryŏ-go-yo.	**(Ich plane) einen Umzug an einen anderen Platz (= Firma).**
72	더 좋은 조건을 주는 곳을 찾았어요. dŏ jo-ŭn jo-ggŏn ŭl ju-nŭn go sŭl cha-ja-ssŏ-yo.	**Ich habe einen Platz gefunden, der mir ein besseres Angebot bietet.**
73	이직 제의가 들어왔어요. i-jik je-ŭi ga dŭl-ŏ-wa-ssŏ-yo.	**Ich habe ein Stellenangebot von einer anderen Firma erhalten.**
74	그 분은 예전에 그만 두셨어요. gŭ bun ŭn ye-jŏn-e gŭ-man du-shŏ-ssŏ-yo.	**Diese Person (= er/ sie) hat vor einer Weile gekündigt.**

Kapitel 18. POLIZEISTATION

01	도와주세요! do-wa-ju-se-yo!	**Bitte helfen Sie!**
02	도움이 필요합니다. do-um i pil-yo-hap-ni-da.	**Ich brauche Hilfe.**
03	지갑을 도둑맞았어요. ji-gab ŭl do-dug-ma-za-ssŏ-yo.	**Ich hatte (meine) Brieftasche/ Geldbörse gehoben/ gestohlen.**
04	여권을 잃어버렸어요. yŏ-ggwŏn ŭl il-ŏ-bŏ-ryŏ-ssŏ-yo.	**Ich habe (meinen) Pass verloren/ verlegt.**
05	소매치기를 당했어요. so-mae-chi-gi rŭl dang-hae-ssŏ-yo.	**Ich habe meine Tasche gepflückt.**
06	지하철에 지갑을 놓고 내렸어요. ji-ha-chŏl e ji-gab ŭl not-ko nae-ryŏ-ssŏ-yo.	**Ich stieg mit meiner Brieftasche in der U-Bahn aus.**
07	강도를 당했어요. gang-do rŭl dang-hae-ssŏ-yo.	**Ich wurde ausgeraubt.**
08	이 사람이 저를 폭행했습니다. i sa-ram i jŏ rŭl pok-haeng-haet-ssŭp-ni-da.	**Dieser Mann hat mich angegriffen.**
09	폭행 당했어요. pok-haeng dang-hae-ssŏ-yo.	**Ich wurde angegriffen.**

10	바로 저 사람/이 사람이에요! ba-ro jŏ sa-ram / i sa-ram i-e-yo!	**Das ist er/ sie hier!**
11	어떻게 생겼나요? ŏ-ttŏ-ke saeng-gyŏt-na-yo?	**Wie/ wie sieht (er/ sie) aus?**
12	인상착의를 알려주세요. in-sang-chag-ŭi rŭl al-lyŏ-ju-se-yo.	**Bitte sagen Sie mir (seine/ ihre) Merkmale und Kleidung.**
13	잘 기억이 안나요. jal gi-ŏg i an-na-yo.	**Ich kann mich nicht gut erinnern.**
14	대충 이렇게 생겼어요. dae-chung i-rŏt-ke saeng-gyŏ-ssŏ-yo.	**(Er/ Sie) sieht ungefähr so aus.**
15	특징을 말씀해주세요. tŭk-jing ŭl mal-ssŭm-hae-ju-se-yo.	**Bitte sagen Sie mir (seine/ ihre) Merkmale.**
16	찾을 수 있을까요? cha-zŭl su i-ssŭl-gga-yo?	**Kannst du (ihn/ sie) finden?**
17	쉽지 않겠네요. ship-ji an-ket-ne-yo.	**Es wird nicht einfach.**
18	여기 조서를 작성해주세요. yŏ-gi jo-sŏ rŭl jak-sŏng-hae-ju-se-yo.	**Bitte füllen Sie den Bericht hier aus.**
19	돈은 얼마나 들어있었죠? don ŭn ŏl-ma-na dŭl-ŏ-i-ssŏt-jyo?	**(Lit) Wie viel Geld war enthalten (= drin?)?**
20	가방에는 무엇이 들어있었죠? ga-bang e nŭn mu-ŏ shi dŭl-ŏ-i-ssŏt-jyo?	**(Lit) Was war in der Tasche enthalten?**
21	한국에 지인이 있나요? han-gug e ji-in i it-na-yo?	**Kennen Sie jemanden in Korea?**
22	비상 연락처가 있나요? bi-sang yŏl-lak-chŏ ga it-na-yo?	**Haben Sie einen Notfallkontakt?**

23	어디에서 그랬나요? ŏ-di e-sŏ gŭ-raet-na-yo?	**Wo ist es passiert?**
24	언제 그랬나요? ŏn-je gŭ-raet-na-yo?	**Wann ist es passiert?**
25	정확한 위치를 알려주세요. jŏng-hwak-han wi-chi rŭl al-lyŏ-ju-se-yo.	**Bitte geben Sie mir den genauen Ort.**
26	경찰서로 갑시다. gyŏng-chal-sŏ ro gap-shi-da.	**Gehen wir zur Polizeistation.**
27	저를 협박했어요. jŏ rŭl hyŏp-bak-hae-ssŏ-yo.	**(Er/ Sie) hat mir gedroht.**
28	지금 협박하는건가요? ji-gŭm hyŏp-bak-ha-nŭn-gŏn-ga-yo?	**Drohst du mir jetzt?**
29	경찰에 신고할겁니다. gyŏng-chal e shin-go hal-gŏp-ni-da.	**Ich werde (Sie) der Polizei melden.**
30	경찰을 불러주세요. gyŏng-chal ŭl bul-lŏ-ju-se-yo.	**Bitte rufen Sie die Polizei an.**
31	위험에 처해있습니다. wi-hŏm e chŏ-hae-it-ssŭp-ni-da.	**(Ich bin/ Wir sind) in Gefahr.**
32	빨리 출동해주세요. bbal-li chul-dong-hae-ju-se-yo.	**Bitte erhalten Sie schnell (hier) versandt.** **= Bitte kommen Sie schnell hierher.**
33	동영상을 촬영했습니다. dong-yŏng-sang ŭl chwal-yŏng-haet-ssŭp-ni-da.	**Ich habe einen Videoclip aufgenommen.**
34	전부 녹음했습니다. jŏn-bu nog-ŭm-haet-ssŭp-ni-da.	**Ich habe alles aufgenommen.**
35	이게 증거입니다. i-ge jŭng-gŏ ip-ni-da.	**Dies ist der Beweis.**
36	이 사람은 거짓말을 하고 있어요. i sa-ram ŭn gŏ-jit-mal ŭl ha-go-i-ssŏ-yo.	**Dieser Mann/ diese Person lügt.**

37	전혀 거짓말이 아닙니다. jŏn-hyŏ gŏ-jit-mal i a-nip-ni-da.	**Es ist überhaupt keine Lüge.**
38	빨리 범인을 잡아주세요. bbal-li bŏm-in ŭl jab-a-ju-se-yo.	**Bitte fangen Sie den Verdächtigen schnell.**
39	처벌을 원합니다. chŏ-bŏl ŭl wŏn-hap-ni-da.	**Ich möchte Anklage erheben.**
40	처벌을 원치 않습니다. chŏ-bŏl ŭl wŏn-chi an-ssŭp-ni-da.	**Ich möchte keine Anklage erheben.**
41	꼭 잡아주세요! ggok jab-a-ju-se-yo!	**Bitte fangen Sie ihn / sie um jeden Preis**
42	저를 폭행하려 했습니다. jŏ rŭl pok-haeng ha-ryŏ haet-ssŭp-ni-da.	**(Er/ Sie) hat versucht mich anzugreifen**
43	저의 지갑을 훔치려 했습니다. jŏ-ŭi ji-gab ŭl hum-chi ryŏ haet-ssŭp-ni-da.	**(Er/ Sie) hat versucht, meine Brieftasch zu stehlen.**
44	현장에서 잡았어요. hyŏn-jang e-sŏ jab-a-ssŏ-yo.	**Ich habe ihn/ sie an Ort und Stelle erwischt.**
45	다 봤어요. da bwa-ssŏ-yo.	**Ich habe alles gesehen.**
46	이 사람이/저 사람이 범인입니다. i sa-ram i / jŏ sa-ram i bŏm-in ip-ni-da.	**Dieser Mann ist der Verbrecher.**
47	도망갔습니다. do-mang-gat-ssŭp-ni-da.	**(Er/ Sie) ist weggelaufen.**
48	놓쳤어요. not-chyŏt-ssŏ-yo.	**Wir haben ihn verloren.**
49	담당 형사를 배정하겠습니다. dam-dang hyŏng-sa rŭl bae-jŏng ha-get-ssŭp-ni-da.	**Wir beauftragen einen verantwortlich Detektiv.**
50	조사가 필요하면 연락드리겠습니다. jo-sa ga pil-yo-ha-myŏn yŏl-lak-dŭ-ri-get-ssŭp-ni-da.	**Wir werden Sie kontaktieren, wenn w eine Untersuchung benötigen.**

Kapitel 19. FREUNDSCHAFT

01	힘내! him nae!	**Aufmuntern!**
02	그런거 때문에 기죽지 마. gŭ-rŏn gŏ ttae-mun-e gi-juk-ji ma.	**Fühlen Sich sich deshalb nicht klein.**
03	고개 들어. go-gae dŭl-ŏ.	**Halten Sie Ihr Kinn hoch.**
04	기운내. gi-un nae.	**Steigern Sie Ihre Energie. = Aufmuntern!**
05	누구나 실수 할 수 있어. nu-gu-na shil-su hal su i-ssŏ.	**Jeder kann einen Fehler machen.**
06	나였어도 그렇게 했을거야. na-yŏ-ssŏ do gŭ-rŏt-ke hae-ssŭl-gŏ-ya.	**Ich hätte dasselbe getan, wenn ich Sie gewesen wäre.**
07	너는 잘못한거 없어. nŏ nŭn jal-mot-han gŏ ŏp-ssŏ.	**Sie haben nichts falsch gemacht.**
08	그냥 운이 없었다고 생각해. gŭ-nyang un i ŏp-ssŏt-da-go saeng-gak-hae.	**Es war einfach nicht dein Glückstag.**
09	너는 최선을 다했어. nŏ nŭn choe-sŏn ŭl da-hae-ssŏ.	**Sie haben (ihr) Bestes gegeben.**

10	다음에는 더 잘 될거야. da-ŭm-e nŭn dŏ jal doel-gŏ-ya.	**Sie werden es beim nächsten Mal besser machen.**
11	아무도 신경 안써. a-mu-do shin-gyŏng an-ssŏ.	**Niemand kümmert sich darum.**
12	걱정하지마. gŏk-jŏng ha-ji-ma.	**Machen Sie sich keine Sorgen.**
13	긍정적으로 생각해. gŭng-jŏng-jŏg-ŭ-ro saeng-gak-hae.	**Positiv denken.**
14	좋은 기운을 보낸다. jo-ŭn gi-un ŭl bo-naen-da.	**Gute Stimmung senden.**
15	너에겐 내가 있잖아. nŏ-e-gen nae ga it-ja-na.	**Ich bin für Sie da.**
16	너를 사랑하는 사람들을 생각해. nŏ rŭl sa-rang-ha-nŭn sa-ram-dŭl ŭl saeng-gak-hae.	**Denken Sie an die Menschen, die Sie lieben.**
17	이건 정말 아무것도 아니야. i-gŏn jŏng-mal a-mu-gŏt-do a-ni-ya.	**Das ist eigentlich gar nichts.**
18	큰 그림을 봐야지. kŭn gŭ-rim ŭl bwa-ya-ji.	**Man muss das große Ganze sehen.**
19	아직 기회는 남아있어. a-jik gi-hoe nŭn nam-a-i-ssŏ.	**Es ist noch eine Chance übrig.**
20	너의 능력을 과소평가 하지마. nŏ-ŭi nŭng-nyŏg ŭl gwa-so-pyŏng-ga ha-ji-ma.	**Unterschätzen Sie ihre Fähigkeiten nicht.**
21	너는 네가 생각하는 것보다 대단해. nŏ nŭn ne ga saeng-gak-ha-nŭn gŏt bo-da dae-dan-hae. *obwohl 네 als "ne" ausgesprochen werden sollte, sprechen die meisten Koreaner es im wirklichen Leben als "ni" aus.	**Sie sind größer als Sie denken.**
22	너는 정말 멋진 녀석이야. nŏ nŭn jŏng-mal mŏt-jin nyŏ-sŏg i-ya.	**Sie sind wirklich ein cooler Typ.**

23	네가 힘들땐 내가 도와줄게. ne ga him-dŭl ttaen nae ga do-wa-jul-ge.	**Ich helfe Ihnen, wenn Sie Hilfe brauchen.**
24	도움이 필요하면 언제든지 말해. do-um i pil-yo ha-myŏn ŏn-je-dŭn-ji mal-hae.	**Sagen Sie mir, wann immer Sie Hilfe benötigen**
25	술 한잔 하러 가자! sul han-jan ha-rŏ ga-ja!	**Lass uns was trinken gehen!**
26	그 사람도 후회하고 있을거야. gŭ sa-ram-do hu-hoe-ha-go i-ssŭl-gŏ-ya.	**Diese Person muss es auch bereuen.**
27	전혀 걱정하지 않아도 돼. jŏn-hyŏ gŏk-jŏng ha-ji an-a-do doe.	**Sie müssen sich überhaupt keine Sorgen machen.**
28	다음에 더 잘하면 되지! da-ŭm-e dŏ jal-ha-myŏn doe-ji!	**Es ist in Ordnung, wenn du es das nächste Mal besser machst!**
29	내일은 내일의 태양이 뜰거야. nae-il ŭn nae-il ŭi tae-yang i ttŭl-gŏ-ya.	**Morgen geht eine neue Sonne auf. = Morgen ist doch wieder ein Tag!**
30	고민 하지마. go-min ha-ji ma.	**Mach dir keine Sorgen.**
31	우리 모두 너를 믿어! u-ri mo-du nŏ rŭl mid-ŏ!	**Wir alle glauben an dich!**
32	나는 언제나 너를 믿어! na nŭn ŏn-je-na nŏ rŭl mid-ŏ!	**Ich glaube immer an dich!**
33	옳은 일을 하리라고 믿는다. ol-ŭn il ŭl ha-ri-ra-go mit-nŭn-da.	**Ich glaube/ vertraue darauf, dass du das Richtige tust.**
34	유혹에 빠지지 말아라. yu-hog e bba-ji-ji mal-a-ra.	**Fallen Sie nicht in Versuchung.**
35	친구로써 말하는데, chin-gu ro-ssŏ mal-ha-nŭn-de.	**Ich sage dir als Freund,**
36	내 조언을 잊지마. nae jo-ŏn ŭl it-ji-ma.	**Vergiss meinen Rat nicht.**

37	너를 위해서 하는 말이야. nŏ rŭl wi-hae-sŏ ha-nŭn mal i-ya.	**Es sagte es zu Ihrem eigenen Vorteil.**
38	서운하게 생각하지마. sŏ-un-ha-ge saeng-gak ha-ji-ma.	**Fühle dich nicht verrückt.**
39	좋은 약은 입에 쓴거야. jo-ŭn yag ŭn i be ssŭn-gŏ-ya.	**Eine gute Medizin ist bitter im Mund. = Hilfreiche Ratschläge können dem Ohr missfallen.**
40	같이 노력하자. ga-chi no-ryŏk ha-ja.	**Versuchen wir es gemeinsam.**

Kapitel 20. DATING / ROMANZE

01	내일 시간 어때요? nae-il shi-gan ŏ-ttae-yo?	**Was sind deine Pläne für morgen?**
02	내일 뭐해요? nae-il mwŏ-hae-yo?	**Was machst du morgen?**
03	주말 계획 있어요? ju-mal gye-hoek i-ssŏ-yo?	**Hast du Pläne für das Wochenende?**
04	별거 없어요. byŏl gŏ ŏp-ssŏ-yo.	**Es gibt nichts Besonderes.**
05	그러면 우리 데이트 할까요? gŭ-rŏ-myŏn u-ri de-i-tŭ hal-gga-yo?	**Sollen wir uns dann verabreden?**
06	저녁 같이 먹을까요? jŏ-nyŏk ga-chi mŏg-ŭl-gga-yo?	**Sollen wir zusammen zu Abend essen?**
07	제가 맛있는 곳을 알고 있어요. je ga ma-shit-nŭn go sŭl al-go-i-ssŏ-yo.	**Ich kenne einen köstlichen Ort.**
08	맛집을 알아요. mat-jib ŭl al-a-yo.	**Ich kenne diesen berühmten Ort.**

09	정말 마음에 드실거예요. jŏng-mal ma-ŭm e dŭ-shil-gŏ-ye-yo.	**Du wirst es wirklich lieben.**
10	남자친구/여자친구 있어요? nam-ja-chin-gu / yŏ-ja-chin-gu i-ssŏ-yo?	**Hast du einen Freund/ eine Freundin?**
11	만나는 사람 있어요? man-na-nŭn sa-ram i-ssŏ-yo?	**Gehst du mit jemandem aus?**
12	아니요, 싱글이에요. a-ni-yo, sing-gŭl i-e-yo.	**Nein, ich bin Single.**
13	네, 남자친구/여자친구 있어요. ne, nam-ja-chin-gu / yŏ-ja-chin-gu i-ssŏ-yo.	**Ja, ich habe einen Freund/ eine Freundin.**
14	저는 이미 결혼했어요. jŏ nŭn i-mi gyŏl-hon-hae-ssŏ-yo.	**Ich bin schon verheiratet**
15	죄송하지만 제 타입이 아니에요. joe-song-ha-ji-man je ta-ib i a-ni-e-yo.	**Es tut mir leid, aber du bist nicht mein Typ.**
16	완전히 제 타입이에요. wan-jŏn-hi je ta-ib i-e-yo.	**Du bist ganz mein Typ.**
17	첫눈에 반했어요. chŏt-nun e ban-hae-ssŏ-yo.	**Ich habe mich auf den ersten Blick verliebt./ Es war Liebe auf den ersten Blick.**
18	한번 만나보고 싶어요. han-bŏn man-na-bo-go ship-ŏ-yo.	**Ich möchte mehr über dich erfahren.**
19	우리 사귈까요? u-ri sa-gwil-gga-yo?	**Wirst du mit mir ausgehen/ daten?**
20	제 남자친구/여자친구 할래요? je nam-ja-chin-gu / yŏ-ja-chin-gu hal-lae-yo?	**Würdest du mein Freund/ meine Freundin sein**
21	연락처 알려주실 수 있어요? yŏl-lak-chŏ al-lyŏ-ju-shil su i-ssŏ-yo?	**Kannst du mir deine Nummer geben?**

22 세상에서 가장 예뻐요.
se-sang e-sŏ ga-jang ye-bbŏ-yo.
Du bist der Schönste auf der Welt.

23 정말 잘생겼어요.
jŏng-mal jal-saeng-gyŏ-ssŏ-yo.
Du bist wirklich gutaussehend.

24 제 이상형이에요.
je i-sang-hyŏng i-e-yo.
Du bist mein Idealtyp.

25 둘이 정말 잘 어울려요.
dul i jŏng-mal jal ŏ-ul-lyŏ-yo.
Ihr zwei seht wirklich gut zusammen aus.

26 이제부터 우리 커플이에요.
i-je bu-tŏ u-ri kŏ-pŭl i-e-yo.
Ab jetzt sind wir ein Paar.

27 손 잡아도 될까요?
son jab-a-do doel-gga-yo?
Darf ich deine Hand halten?

28 더치페이 해요.
dŏ-chi-pe-i hae-yo.
Lass uns holländisch gehen

29 아니에요, 제가 살게요.
a-ni-e-yo, je ga sal-gge-yo.
Nein, ich werde kaufen.
= Nein, ich werde die Rechnung holen.

30 이건 제 마음이에요.
i-gŏn je ma-ŭm i-e-yo.
Das ist von meinem Herzen.

31 선물이 마음에 들지 모르겠네요.
sŏn-mul i ma-ŭm e dŭl-ji mo-rŭ-get-ne-yo.
Ich weiß nicht, ob dir das Geschenk gefallen wird.

32 아니 뭘 이런걸 다!
a-ni mwŏl i-rŏn-gŏl da!
Oh nein, was ist das alles!

33 정말 이러지 않으셔도 괜찮은데.
jŏng-mal i-rŏ-ji an-ŭ-shŏ-do gwen-chan-ŭn-de.
Du hättest das nicht tun sollen.

34 마음이 중요하죠.
ma-ŭm i jung-yo-ha-jyo.
Der Gedanke ist wichtig (= zählt).

35 마음만으로 충분해요.
ma-ŭm man-ŭ-ro chung-bun-hae-yo.
Ich schätze den Gedanken.

36	감사히 받을게요. gam-sa-hi bad-ŭl-gge-yo.	**Ich werde es dankbar annehmen. = Es wurde dankbar angenommen.**
37	오늘이 우리 기념일이에요. o-nŭl i u-ri gi-nyŏm il-i-e-yo.	**Heute ist unser Jubiläum.**
38	무슨 기념일이요? mu-sŭn gi-nyŏm-il i-yo?	**Was für ein Jahrestag ist es?**
39	만난지 100일 되었어요. man-nan-ji baeg il doe-ŏ-ssŏ-yo.	**Vor 100 Tagen haben wir uns kennengelernt.**
40	우리의 만남을 기념하며! u-ri-ŭi man-nam ŭl gi-nyŏm-ha-myŏ!	**Zum Feiern/ Gedenken an unser Treffen (= Beziehung)!**
41	당신은 저의 첫사랑이에요. dang-shin ŭn jŏ-ŭi chŏt-sa-rang i-e-yo.	**Du bist meine erste Liebe.**
42	사랑해요. sa-rang-hae-yo.	**Ich liebe dich.**
43	저도 사랑해요. jŏ-do sa-rang-hae-yo.	**Ich liebe dich auch.**
44	제가 훨씬 더 많이 사랑해요. je ga hwŏl-sshin dŏ man-i sa-rang-hae-yo.	**Ich liebe dich so viel mehr (als du).**
45	집에까지 데려다 줄게요. jib-e gga-ji de-ryŏ-da jul-gge-yo.	**Ich bringe dich zurück nach Hause.**
46	보고 있어도 보고 싶어요. bo-go i-ssŏ-do bo-go ship-ŏ-yo.	**Je mehr ich dich sehe, desto mehr vermisse ich dic**
47	같이 있고 싶어요. ga-chi it-go ship-ŏ-yo.	**Ich möchte mit dir zusammen bleiben.**
48	함께 있으면 행복해요. ham-ggae i-ssŭ-myŏn haeng-bok-hae-yo.	**Ich bin glücklich, wenn ich bei dir bin.**
49	당신은 저에게 큰 의미입니다. dang-shin ŭn jŏ-e-ge kŭn ŭi-mi ip-ni-da.	**Du bedeutest mir viel.**

50	제 인생에 와주셔서 감사해요. je in-saeng e wa-ju-shŏ-sŏ gam-sa-hae-yo.	**Danke, dass du in mein Leben gekommen bist.**
51	우리 사랑 영원히! u-ri sa-rang yŏng-wŏn-hi!	**Unsere Liebe für immer!**
52	이 순간이 영원했으면 좋겠어요. i sun-gan i yŏng-wŏn-hae-ssŭ-myŏn jo-ke-ssŏ-yo.	**Ich wünschte, dieser Moment könnte ewig dauern.**
53	저희 사진 좀 찍어주시겠어요? jŏ-hi sa-jin jom jjig-ŏ-ju-shi-get-ssŏ-yo?	**Könnten Sie bitte ein Foto von uns machen?**
54	우리 셀카찍어요! u-ri sel-ca jjig-ŏ-yo!	**Wir sollten ein Selfie machen!**
55	좋은 꿈 꿔요. jo-ŭn ggum ggwŏ-yo.	**Hab einen süßen Traum.**
56	잘 자요, 내 사랑! jal ja-yo, nae sa-rang!	**Schlaf gut, meine Liebe!**
57	우리는 잘 어울리지 않는 것 같아요. u-ri nŭn jal ŏ-ul-li-ji an-nŭn gŏt gat-a-yo.	**Ich denke nicht, dass wir ein gutes Paar sind.**
58	우리는 너무 다른 것 같아요. u-ri nŭn nŏ-mu da-rŭn gŏt gat-a-yo.	**Ich denke, wir sind zu unterschiedlich.**
59	그만 만나는게 좋을 것 같아요. gŭ-man man-na-nŭn-ge jo-ŭl gŏt gat-a-yo.	**Ich denke, es wäre besser, wenn wir uns nicht mehr sehen würden.**
60	앞으론 연락하지 말아요. ap-ŭ-ron yŏl-lak ha-ji mal-a-yo.	**Bitte rufe mich ab sofort nicht mehr an.**
61	서로에게 짐이 되는 것 같아요. sŏ-ro e-ge jim i doe-nŭn gŏt gat-a-yo.	**Ich denke, wir sind einander eine Last.**
62	예전 같지 않아요. ye-jŏn gat-ji a-na-yo.	**Es ist nicht dasselbe wie zuvor.**
63	더 좋은 사람 만나길 바래요. dŏ jo-ŭn sa-ram man-na-gil ba-rae-yo.	**Hoffe du triffst jemanden besser.**

Kapitel 21. FAMILIE

01	저희 가족을 소개합니다. jŏ-hi ga-jog ŭl so-gae-hap-ni-da.	Darf ich meine Familie vorstellen?
02	저희 부모님이세요. jŏ-hi bu-mo-nim i-se-yo.	(Das) sind meine Eltern.
03	많이 닮았죠? man-i dal-mat-jyo?	Wir sehen uns sehr ähnlich, oder?
04	정말 똑같아요. jŏng-mal ttok-gat-a-yo.	Wirklich gleich.
05	아빠와/엄마와 판박이네요. a-bba wa / ŏm-ma wa pan-bag-i ne-yo.	Du siehst genauso aus wie dein Vater/ deine Mutter.
06	행복해 보이는 가족이에요. haeng-bok-hae bo-i-nŭn ga-jog i-e-yo.	Das ist eine glücklich aussehende Familie.
07	모두 사이 좋아보여요. mo-du sa-i jo-a-bo-yŏ-yo.	Alle scheinen miteinander auszukommen.
08	저희 형/누나입니다. jŏ-hi hyŏng / nu-na ip-ni-da.	Das ist mein älterer Bruder/ meine ältere Schwester.
09	몇살 차이인가요? myŏt sal cha-i in-ga-yo?	Was ist der Altersunterschied? = Wie viele Jahre seid ihr getrennt?

10 형이 저보다 세살 많아요.
hyŏng i jŏ bo-da se sal man-a-yo.
Mein Bruder ist drei Jahre älter als ich.

11 부모님이 많이 엄하세요.
bu-mo-nim i man-i ŏm-ha-se-yo.
Meine Eltern sind sehr streng.

12 대가족이죠.
dae-ga-jog i-jyo.
Es ist eine große Familie.

13 저는 외동이에요.
jŏ nŭn oe-dong i-e-yo.
Ich bin ein Einzelkind.

14 사랑을 많이 받고 자랐어요.
sa-rang ŭl man-i bat-go ja-ra-ssŏ-yo.
Ich habe viel Liebe bekommen, als ich aufgewachsen bin.

15 별로 안 닮았어요.
byŏl-lo an dal-ma-ssŏ-yo.
Wir sehen uns nicht so ähnlich.

16 누가 동생인지 맞춰보세요.
nu-ga dong-saeng in-ji mat-chwŏ-bo-se-yo.
Ratet mal, wer das jüngere Geschwister ist. = Rate mal, wer jünger ist.

17 얘기 많이 들었어요.
yae-gi man-i dŭl-ŏ-ssŏ-yo.
Ich habe viele Geschichten gehört. = Ich habe viel über dich gehört.

18 정말 사랑스러운 가족이네요.
jŏng-mal sa-rang-sŭ-rŏ-un ga-jog i-ne-yo.
Es ist eine wirklich schöne Familie.

19 화목해 보입니다.
hwa-mok-hae bo-ip-ni-da.
Es scheint harmonisch.

20 형제들 사이 좋아보여요.
hyŏng-je-dŭl sa-i jo-a-bo-yŏ-yo.
Ihre Geschwister scheinen miteinander auszukommen.

21 부모님께서는 이혼하셨어요.
bu-mo-nim gge-sŏ-nŭn i-hon ha-shŏ-ssŏ-yo.
Meine Eltern sind getrennt/ geschieden.

22 아버지는/어머니는 재혼하셨어요.
a-bŏ-ji nŭn / ŏ-mŏ-ni nŭn jae-hon ha-shŏ-ssŏ-yo.
Mein Vater/ meine Mutter haben wieder geheiratet.

23 저는 입양되었어요.
jŏ nŭn ib-yang doe-ŏ-ssŏ-yo.
Ich wurde adoptiert.

24	자주 다퉈요. ja-ju da-twŏ-yo.	**Wir kämpfen oft.**
25	뭐니뭐니해도 집이 최고죠. mwŏ-ni-mwŏ-ni-hae-do jib i choe-go-jyo.	**Es gibt keinen Ort wie zu Hause.**
26	엄마가/아빠가 보고싶어요. ŏm-ma ga / a-bba ga bo-go-ship-ŏ-yo.	**Ich vermisse (meine/n) Mama/ Papa.**
27	부모님께서는 개방적이세요. bu-mo-nim gge-sŏ-nŭn gae-bang-jŏg i-se-yo.	**(Meine) Eltern sind aufgeschlossen.**
28	가족 전통이 있나요? ga-jok jŏn-tong i it-na-yo?	**Hast du eine Familientradition?**
29	명절동안 제사를 지냅니다. myŏng-jŏl dong-an je-sa rŭl ji-naep-ni-da.	**Wir servieren Jesa in den Ferien.**
30	제사가 뭐죠? je-sa ga mwŏ-jyo?	**Was ist Jesa?**
31	돌아가신 조상님들께 인사를 드려요. dol-a-ga-shin jo-sang-nim-dŭl gge in-sa rŭl dŭ-ryŏ-yo.	**Wir respektieren unsere verstorbenen Vorfahren.**
32	정말 훌륭한 전통이네요. jŏng-mal hul-lyung-han jŏn-tong i-ne-yo.	**Das ist eine wirklich große Tradition.**
33	저도 참여해보고 싶어요. jŏ do cham-yŏ hae-bo-go ship-ŏ-yo.	**Ich möchte auch versuchen, daran teilzunehmen**

Beachten Sie auch unsere anderen Titel, wenn Sie Koreanisch lernen möchten.
newampersand.com

KONVERSATIONEN AUF KOREANISCH

Lernen Sie über 1.400+
Koreanisch-Ausdrücke aus 21 Themen
Schnell und Einfach

ISBN 979-11-88195-46-6

FANDOM MEDIA

www.newampersand.com
14 13 12 11 10 / 10 9 8 7 6 5 4 3 2 1

Printed in Germany
by Amazon Distribution
GmbH, Leipzig

22037055R00073